AF573115

Lord Byron

Engel und Teufel in einer Gestalt

George Gordon Lord Byron (1788–1824)

Lord Byron

Engel und Teufel in einer Gestalt

Heldenhafte Einsamkeiten

Herausgegeben von
Klaudia Ruschkowski
und Wolfgang Storch

marixverlag

Die Menschen nehmen alles, was ich sage, für bare Münze und gehen ständig mit falschen Eindrücken davon. Mais n'importe! Die Feststellungen meiner künftigen Biographen werden dadurch nur amüsanter werden; denn ich schmeichle mir, dass ich mehr als einen haben werde. Je mehr, desto lustiger, meine ich wirklich. Einer wird mich als eine Art von sublimem Misanthropen mit Augenblicken freundlicher Empfindungen darstellen. Das ist, par exemple, meine Lieblingsrolle. Ein andrer wird mich als einen modernen Don Juan porträtieren; und ein dritter … wird mich hoffentlich, wenn auch nur aus Widerspruchsgeist, als einen liebenswerten, schlecht behandelten Gentleman hinstellen, gegen den »mehr Sünden begangen wurden, als er selbst beging«. Soweit ich mich selber kenne, möchte ich behaupten, dass ich überhaupt keinen Charakter habe … Doch Scherz beiseite, was ich von mir selber denke, ist, dass ich so veränderlich bin, alles abwechselnd und nichts für lange – eine so seltsame Mischung aus Gut und Böse, dass es schwerfallen dürfte, mich zu beschreiben.

Brief an Lady Blessington, Genua, 1821

INHALT

VORWORT

»Wenn ich nicht schreibe,
um meinen Geist zu entleeren,
werde ich verrückt.«

Aus Byrons poetischem Werk, aus seinen Briefen und Tagebüchern spricht, wie der Schriftsteller Friedrich Burschell, Herausgeber einer Auswahl von Byrons Briefen, schreibt, »der erste große problematische Mensch des neunzehnten Jahrhunderts«: voller Widersprüche, leidenschaftlich, übersensibel, großzügig und liebevoll, jähzornig bis zum Exzess, subjektiv bis zur Schamlosigkeit – ein Dichterleben, das sich beständig ins Licht der Öffentlichkeit katapultierte, ein Mensch, der sich rastlos selbst verzehrte. Byrons Œuvre scheint ein Spiegelbild seines Lebens zu sein, alles scheint offen zu liegen, doch das Rätsel um seine Person, das seine Faszination ausmacht, bleibt bestehen. Mehr als bei allen anderen großen Dichtern der Weltliteratur bilden sein Leben und Werk eine komplexe Einheit: das »Phänomen Byron«. »Er hatte eine Vorliebe für bestimmte orientalische Legenden über die Präexistenz und spielte in seinen Gesprächen und Dichtungen gern die Rolle eines gefallenen oder verbannten Wesens, das der Himmel wegen eines Verbrechens zu einem neuen Erdendasein verdammt hatte«, charakterisierte ihn sein Enkel Ralph Milbanke, Earl of Lovelace. »Dieses Wesen musste unter einem Fluch leben und war für ein Schicksal prädestiniert, das in Wahrheit in seinem eigenen Kopfe fixiert war, welchem er aber mit aller Macht Gestalt verleihen wollte. Zeitweise glich diese dramatische Phantasie einer Wahnvorstellung; er schickte sich an, den Wahnsinnigen zu spielen und geriet dabei allmählich immer mehr in Ernst, wie wenn er glaubte, dafür bestimmt zu sein, sein eigenes Leben und das seiner Nächsten zu zerstören.«

George Gordon Byron wurde am 22. Januar 1788 in London geboren. Sein Vater John Byron, der überall nur »Mad Jack« hieß, heiratete kurz nach dem Tod seiner ersten Frau am 12. Mai 1785 die zwanzigjährige Erbin Catherine Gordon of Gight: »Ein ungleicheres Paar lässt sich schwerlich denken als der elegante, gutaussehende, weltmännische John und seine unscheinbare, derbe, ungebildete und unerfahrene zweite Ehefrau, die zum Ausgleich nicht viel mehr zu bieten hatte als ein ansehnliches Vermögen und ihre Abstammung von einem altberühmten schottischen Adelsgeschlecht, das die Byron-Sippe in puncto Gewalttätigkeit und Selbstherrlichkeit womöglich noch übertraf«, schreibt Siegfried Schmitz im Nachwort zu der von ihm herausgegeben deutschen Ausgabe von Byrons Werken. Bereits im Sommer 1786 hatte John das Vermögen seiner Frau durchgebracht. Ständig auf der Flucht vor den Gläubigern, starb er 1791 in Valenciennes, wahrscheinlich durch Selbstmord.

Byrons Kindheit stand unter keinem guten Stern. Den Vater hatte er kaum gekannt, seine psychisch labile, früh verbitterte Mutter liebte ihn als ihr Kind und hasste ihn als Sohn seines verantwortungslosen Vaters. Byrons Erziehung war ein Gemisch aus puritanischer Strenge und Zügellosigkeit, aus

Züchtigungen und Anfällen liebevollen Überschwangs. Diese seelischen Belastungen wurden durch ein körperliches Gebrechen gesteigert. Byrons rechter Fuß war von Geburt an verkrüppelt, eine Korrektur trotz schmerzhafter Prozeduren, denen er sich als Kind fortgesetzt unterziehen musste, nicht möglich. Byron, der immer den größten Wert auf sein Aussehen legte, litt zeitlebens unter diesem körperlichen Makel: Er betrachtete ihn als Fluch.

Bereits im Sommer 1789 hatte Mrs. Byron London verlassen und war mit ihrem Sohn ins schottische Aberdeen gezogen. Für ihn bedeutete das Freiheit. Als Kind durchstreifte Byron das schottische Hochland, nahm Bilder und Eindrücke in sich auf und begann, die grandiose, wilde Natur wahrhaft und mit einer Leidenschaft zu lieben, die sich in vielen seiner schönsten Verse ausdrückt. Schon früh begann er zu lesen – am liebsten die Bibel, Romane, orientalische Reisebeschreibungen und historische Werke – und verfasste erste Reime. Schon lange vor der Pubertät machte er erste erotische Erfahrungen. Als Achtjähriger verliebte er sich heftig in eine entfernte Kusine, Mary Duff. Kaum neun Jahre alt, wurde er auf drastische Weise von seinem Kindermädchen Mary Gay, das ihn mit Bibelsprüchen traktierte, ihn verprügelte und »alle möglichen Genossen von der allerniedrigsten Sorte« ins Haus brachte, in die »Realitäten der Liebe« eingeführt. »Meine Leidenschaften wurden sehr früh geweckt – so früh, dass nur wenige mir glauben würden, wenn ich gezwungen wäre, den Zeitpunkt und die Begleitumstände zu nennen«, schrieb Byron 1821.

Im Mai 1798 starb sein Großonkel. Der Zehnjährige trat als sechster Lord Byron die Nachfolge an und übernahm damit auch die Familienresidenz Newstead Abbey, einen heruntergekommenen Herrensitz. Rechtsanwalt John Hanson, der die Familiengeschäfte regelte, sorgte dafür, dass Byron dem chaotischen Einfluss seiner Mutter entzogen wurde und ab 1801 in London die renommierte Harrow School besuchen konnte. Im Sommer 1800 hatte Byron sich zum zweiten Mal hoffnungslos verliebt, konnte weder essen noch schlafen. Das gab ihm den entscheidenden Schub. Von da an dichtete er, weil er nicht mehr anders konnte: »Alle Erschütterungen enden bei mir in Reimen.« Sein dichterisches Schaffen verglich er mit dem Ausbruch eines Vulkans, der Lava ausstößt, um ein Erdbeben zu verhindern. Viele seiner Werke sind wie im Fieber geschrieben, oft mitten in der Nacht, nahezu ohne Korrektur und ausnahmslos in Versen. Sein erotisches Verhältnis zu allem, was ihn umgab und anregte – Natur, Landschaft, Sprache, Kunst und Dichtung –, und zu den vielen Frauen, die er auf seine Weise geliebt hat, war, so beschreibt es Siegfried Schmitz, »weder dionysisch noch selbstvergessen oder heiter, sondern von Anfang an melancholisch gebrochen vom Bewusstsein der Unzulänglichkeit und des Versagens«. Er fühlte sich verurteilt zum Leiden an der Welt. Sein Lebensgefühl war das eines »Zerrissenen«. »Goethes Bild des ›Euphorion‹, des jäh abstürzenden Göttersohnes, trifft die Wahrheit sehr genau«, setzt Schmitz hinzu.

Im Oktober 1805 begann Byron sein Studium am Trinity College in Cambridge. Zunächst fühlte er sich »wie ein Wolf, der von seinem Rudel getrennt ist«, doch er war nicht zum Eremiten geschaffen und passte sich dem freizügigen Lebensstil seiner Umgebung an. Er trank, spielte, machte Schulden und lebte sich in jeder Hinsicht aus. Andererseits hatte er gebildete Freunde, las außerordentlich viel, besaß wissenschaftlichen und literarischen Ehrgeiz und politische Ambitionen. Zwischen 1806 und 1808 brachte er seine Jugendgedichte heraus. Im Sommer 1808 bestand er »en passant« sein Magisterexamen. Im Frühjahr 1809 erschien sein erstes größeres Werk, die Literatursatire »Englische Barden und schottische Rezensenten« – vom Literaturhistoriker George Sampson als eine der besten je veröffentlichten Satiren gefeiert. Byron hatte sich dadurch allerdings mit einem Großteil der literarischen Prominenz Englands verfeindet. Im selben Jahr beschloss er, eine ausgedehnte Reise zu unternehmen. »Ich will nie mehr in England leben, wenn ich es vermeiden kann«, erklärte er seinem Anwalt Hanson. »*Warum* – das muss ein Geheimnis bleiben.« Der Verfasser der maßgebenden Byron-Biografie, Leslie A. Marchand, vermutet in diesem Geheimnis die homoerotischen Beziehungen, vor allem zu dem Chorknaben John Edlestone, die Byron in Cambridge unterhalten hatte.

Am 2. Juli 1809 stach Byron in Begleitung seines Studienfreundes John Cam Hobhouse und einiger Bediensteter auf der »Princess Elizabeth« von Falmouth aus in See: Dies war der Beginn einer abenteuerlichen »Pilgerfahrt«, die zwei Jahre dauern sollte. Die Stationen: Lissabon, Sevilla, Cádiz, Gibraltar, Malta, Janina in Albanien, Delphi, Athen, Smyrna und Konstantinopel. Über Athen und Malta ging es schließlich wieder nach England zurück. Im März 1812 erschienen die ersten beiden Gesänge des in gereimten Versen verfassten Reiseberichts *Childe Harolds Pilgerfahrt* – Eindrücke von Landschaften und Städten, Reflexionen über Kunstwerke und versunkene Kulturen, Erinnerungen an Liebesaffären, ironische Kommentare zu Ereignissen, melancholische Meditationen. Der vierundzwanzigjährige Byron war mit einem Schlag der am meisten gelesene und umworbene Dichter Englands, der, das führt Schmitz aus, »mit seiner exotischen Bilderpracht und seinem funkelnden Stil die etwas eintönige und biedere Literaturszene blitzartig aufgehellt hatte«. Byron befand sich an einer Wende seines Lebens. Doch die ihm eigene Trägheit, verstärkt durch die Einsicht in die Vergeblichkeit menschlichen Strebens, ließ ihn die Krise nicht lösen, sondern »verewigen« – in rastloser Betriebsamkeit. Es entstand eine Vielzahl von Gedichten und zwischen 1813 und 1814 eine Folge von Versdramen, griechisch-orientalische Dichtungen, mit denen Byron an den Erfolg des *Childe Harold* anknüpfte. Einem seiner besten Freunde, dem irischen Dichter Thomas Moore, schrieb er in einem Brief vom 3. März 1814: »Ich denke seit einiger Zeit, dass meine Sachen merkwürdig überbewertet werden, und ob das nun zutrifft oder nicht, ich bin jedenfalls für immer mit ihnen fertig.« Dennoch: Byron, der nichts so sehr hasste wie Heuchelei und Unaufrichtigkeit, war zugleich ein Schauspieler, der viele Rollen spielte – so aufrichtig wie möglich. Seinen Lebensrhythmus fand er in der permanenten Grenzüberschreitung, in unzähligen Affären suchte er Erfüllung oder Ablenkung.

Im Sommer 1813 hatte er seine fünf Jahre ältere Halbschwester Augusta Byron wiedergetroffen, mit der er seit seiner Kindheit in brieflichem Kontakt stand. Augusta war seit 1807 mit ihrem Vetter Oberst George Leigh verheiratet und Mutter von drei Kindern. In Augustas Gegenwart fühlte sich Byron verstanden, frei und zugleich geborgen. Augusta ging es ebenso. Beide erkannten sich im anderen. Die Zuneigung verwandelte sich in Liebe, wohl die tiefste, aufrichtigste und, wie Byron schrieb, die »perverseste Liebe« seines Lebens. Am

15. April 1814 kam Augustas Tochter Medora zur Welt. Byron, dies reflektiert der italienische Schriftsteller Mario Praz, »wertete den Inzest als Reizmittel der Liebe – ›Groß ist die Liebe derer, die in Sünde und Furcht lieben‹, *(Himmel und Erde, V. 67)*, er suchte Schuld, um das moralische Empfinden und das Gefühl der Schicksalsgebundenheit in sich wachzurütteln. Nur so vermochte er das Leben zu genießen.« Ein verzweifelter Genuss. »Ich kann nicht verstehen«, schrieb Byron 1813 an seine mütterliche Vertraute, Lady Melbourne, »warum der Teufel mit so vielen Ködern nach jemandem angelt, der … ihm vielleicht schon vor seiner Geburt angehörte.« Lady Melbourne reagierte, indem sie Byron, bevor es zum Skandal kommen würde, zur Heirat drängte: mit ihrer Nichte Annabella Milbanke, einer gebildeten, ernsthaften jungen Frau, die dem Dichter 1812 im Haus ihrer Tante begegnet war. Sie hatte sich sofort in ihn verliebt, verehrte ihn und war von dem Gefühl beseelt, ihn erlösen zu müssen wie einen »gefallenen Engel«. Am 2. Januar 1815 wurden Byron und Annabella getraut. Kurz darauf teilte Byron Lady Melbourne mit: »Ich habe am selben Tag eine Frau und eine Erkältung abbekommen, bin jedoch die letztere ziemlich schnell wieder losgeworden.« Unbeherrschte Wutausbrüche, selbstzerstörerische Verzweiflung, zutiefst melancholische Phasen, maßlose Schulden und die dunklen Hinweise auf ein »schreckliches Verbrechen«, das er begangen habe, vergifteten die Ehe. Nach einem Jahr, am 15. Januar 1816, verließ Lady Byron mit der fünf Wochen alten gemeinsamen Tochter Ada das Haus. Sie sahen sich nie wieder. Mit Augusta, die ihr beistand, hatte sich jedoch eine Freundschaft entwickelt. Byron, so wahnsinnig er sich auch gebärdet haben mochte, war sehr produktiv gewesen und hatte während des kurzen Ehejahres

unter anderem die Versdramen *Die Belagerung von Korinth* und *Parisina* geschrieben. Annabella verweigerte alle Vorschläge zu einer Wiederannäherung, Anwälte wurden eingeschaltet und viele andere glaubten, sich ebenfalls einschalten zu müssen. Lady Caroline Lamb, die Byron mit besitzergreifender Liebe verfolgte, bezichtigte ihn der Homosexualität und des Inzests, Gerüchte und Verleumdungen verpesteten die Atmosphäre, die Trennung wurde zum öffentlichen Skandal.

Am 23. April 1816 schiffte sich Byron in Dover ein. Er sollte England endgültig verlassen. Sein Ziel war Venedig. Er wollte sich jedoch ein wenig Zeit lassen, sich umschauen und seine neugewonnene Freiheit auskosten. Im dritten Gesang des *Childe Harold* – die Beschreibung der ersten Etappe seines Exils über Antwerpen, Brüssel und Köln zum Genfer See –, den er im Mai und Juni in der Schweiz verfasste, versuchte er, an die Sorglosigkeit der beiden ersten Gesänge anzuknüpfen, doch der Ton geriet bitterer und schärfer. Am Genfer See sah Byron seine Geliebte Claire Clairmont wieder, die Stiefschwester Mary Shelleys. Sie erwartete ein Kind von ihm. Die Tochter Allegra kam am 12. Januar 1817 zur Welt. Im darauffolgenden September unternahm er gemeinsam mit seinem Freund Hobhouse, der ihm nachgereist war, eine Bergtour in die Berner Alpen. Angesichts der grandiosen Berglandschaft, die »wie die Wahrheit leuchtete«, nahm seine verzweifelte Melancholie kosmische Dimensionen an. Er brachte seine Qual in dem dramatischen Gedicht *Manfred* zum Ausdruck – eine »sehr subjektive Variation über das alte Faust-Motiv«, wie aus den Anmerkungen der deutschen Ausgabe hervorgeht.

Im Oktober 1816 reisten Byron und Hobhouse nach Mailand und von dort aus schließlich weiter nach Venedig. Die

Stadt zog Byron sofort in ihren Bann, die Schatten, die auf seiner Seele lagen, lichteten sich. Am 18. Dezember 1816 berichtete er Augusta, mit der er auch nach seiner »Flucht« zeitlebens in Verbindung stand, von seinem Verhältnis mit Marianna Segati, der jungen Frau seines Hauswirts: »Gegenwärtig geht es mir besser – dank dem Himmel droben – und der Frau hier unten.« Byron lebte sich in den zweieinhalb Jahren, die er in Venedig und Umgebung verbrachte, hemmungslos aus. Wie »Eintagsfliegen« schwirrten Frauen und Mädchen durch sein Leben. Eine Ausnahme bildete Margarita Cogni, die Frau eines Bäckers, die Byron durch ihr ungestümes Wesen faszinierte. Sie ließ nicht von ihm ab, sodass er sie eine Zeit lang als Haushälterin und Mätresse anstellte. In einem berühmt gewordenen Brief an seinen Verleger John Murray erzählt er von ihrer wilden Beziehung. Die italienische Lebensart und die italienische Literatur eröffneten Byron eine neue Form des Ausdrucks, die vor allem den *Don Juan* prägen sollte, sein »Opus magnum«, das ihn vom Herbst 1818 bis zu seinem Tod beschäftigte. Anfang April begegnete Byron in Venedig der neunzehnjährigen Gräfin Teresa Guiccioli aus Ravenna. Verheiratet mit dem fast vierzig Jahre älteren Grafen Alessandro Guiccioli, wurde sie Byrons langjährige und letzte Geliebte, obwohl er mit seiner Rolle haderte: »Ich bin ein Verführer, ein Ehemann, ein Hurentreiber gewesen«, schrieb er an Hobhouse, »und jetzt bin ich ein Cavalier servente – bei Gott! es ist ein sonderbares Gefühl.« Byron war drauf und dran, nach Südamerika auszuwandern, doch Trägheit und latente Lebensmüdigkeit waren stärker als der Wille zum Aufbruch. Am Heiligabend 1819 folgte er Teresa Guiccioli nach Ravenna. Bis Ende 1821 nahm er dort seinen festen Wohnsitz. Zwar wimmelte es in seinem Palazzo von Tieren – Pferde, Hunde, Affen, Katzen, ein Adler, ein Falke und eine Krähe –, die, wie sein Freund Percy Shelley schrieb, durch ihre Streitereien einen höllischen Lärm machten, doch Byron arbeitete während dieser Zeit mit höchster Intensität. Er schrieb sechs große Werke, darunter *Kain. Ein Mysterium*, vollendete mehrere Gesänge des *Don Juan*, den George Sampson als »in jeder Hinsicht einzigartig« beurteilte, als »die volle Enthüllung seiner Persönlichkeit und den gültigen Ausdruck seines Genies«, und beteiligte sich am politischen Kampf der Carbonari für die Freiheit und Einheit Italiens. Von November 1821 bis zum September 1822 hielt er sich überwiegend in Pisa auf und verkehrte in dem englischen »Pisaner Zirkel«, der sich um seinen Freund Shelley gebildet hatte. Am 20. April starb seine Tochter Allegra. Am 8. Juli 1822 ertrank Shelley in der Bucht von La Spezia. Byron war zugegen, als dessen Leiche am Strand von Viareggio nach antikem Vorbild auf einem Scheiterhaufen verbrannt wurde. Danach schwamm er ins Meer hinaus.

Byron überließ sich weiterhin dem »schicksalhaften Strom des Lebens«, dachte aber immer öfter an Griechenland. »Wenn irgendetwas wahr in Byrons Leben und Werken ist«, schrieb der Dichter Wilhelm Müller in seinem 1822 erschienenen Aufsatz *Lord Byron*, »so scheint kein Gefühl es mehr zu sein, als seine Liebe für Griechenland und für die Freiheit.« Byrons Gedanke, sich für den Freiheitskampf der Griechen gegen das Osmanische Reich einzusetzen, nahm konkrete Gestalt an: »Ein Mann sollte für die Menschheit etwas mehr tun als Verse schreiben.« Davon überzeugt, dass die Zukunft Griechenlands Einfluss auf die Zukunft des gesamten europäischen Kontinents haben würde, bereitete er seine griechische Expedition vor, beschaffte hohe Kredite, Waffen und Medikamente. Im Juli 1823 ging er in Genua an Bord der von ihm gecharterten »Herkules«. Lady Blessington, die ihn vor seiner Abreise besucht hatte, berichtete, Byron sei davon überzeugt gewesen, aus Griechenland nie mehr wiederzukehren. »Er hatte, so versicherte er mir, mehr als einmal davon geträumt, dort zu sterben.« Siegfried Schmitz führt aus, dass Byron sich »zu Recht als ein Exponent des großen, politischen Unabhängigkeitsgedankens« fühlte, »der zu Beginn des 19. Jahrhunderts, im Kielwasser der Französischen und Amerikanischen Revolution, die gesamte zivilisierte Welt erfasst hatte und sich auf dem klassischen Boden Hellas-Griechenlands in reinster Form zu verwirklichen schien.« Am 5. Januar 1824 wurde Byron »wie ein rettender Engel« von Fürst Alexandros Mavrokordatos und fünftausend griechischen Patrioten in Mesolongi, einem von Sümpfen umgebenen, malariaverseuchten Gebiet willkommen geheißen. Byron setzte alles daran, die griechische Sache mit Geld und Rat zu fördern.

Kraft seiner Autorität gelang es ihm eine Zeit lang, zwischen den verschiedenen Parteien zu vermitteln. Er erkannte aber auch, wie eigensinnig und zerstritten die Griechen waren. Dies enttäuschte ihn tief, minderte seine Anstrengungen aber nicht. Anfang April wurde Byron von immer heftigeren Fieberschüben ergriffen. Er hatte keine Angst vor dem Tod, wäre jedoch allzu gerne auf dem Schlachtfeld gestorben, um sein Leben – äußerlich so glanzvoll und innerlich so voller Qual – heroisch zu beenden, im leidenschaftlichen Kampf. Getreu seiner Maxime: »Leidenschaft ist das Element, in dem wir leben; ohne Leidenschaft vegetieren wir nur.« Nachdem er sich eine

Lungenentzündung zugezogen und durch Aderlässe viel Blut verloren hatte, starb er nach tagelanger Agonie am 19. April 1824.

Das vorliegende Buch verbindet Verse aus Byrons Hauptwerken *Childe Harolds Pilgerfahrt* und *Don Juan* mit Auszügen aus Briefen und Notizen aus seinen unregelmäßig geführten Tagebüchern, fügt einige seiner »detachierten Gedanken« ein, verschränkt Gedichte und Briefpassagen, gibt Einblick in das dramatische Gedicht *Manfred,* in *Kain. Ein Mysterium* und versucht so, ein lebendiges Bild von Byrons Schaffen und Denken zu skizzieren.

Klaudia Ruschkowski und Wolfgang Storch

PROLOG

Damaetas

Noch Kind vor dem Gesetz – Jüngling an Jahren,
In lasterhaften Freuden früh erfahren,
Entwöhnt des Tugendsinnes und im Lügen
Ein Meister und ein Teufel im Betrügen,
Im Heucheln zu bewandert schon als Kind,
Von Neigung wild und unstet wie der Wind,
Das Weib sein Opfer und der Freund sein Spiel,
Alt in der Welt, kaum an der Kindheit Ziel,
Durchlief Damaet der Sünde Labyrinth
Und kam ans Ziel, wenn mancher kaum beginnt,
Von Leidenschaft durchglüht, die leeren bis
Zur Hefe ihn der Freude Becher ließ;
Des Lasters satt, flieht er den süßen Trug,
Und was sein Glück einst, dünkt ihm jetzt sein Fluch.

1807

I
CHILDE HAROLDS PILGERFAHRT

BRIEFE AUS DEN JAHREN 1804–1810

Die Segel schwollen, günstig blies der Wind,
Als wollt er gern ihn in die Ferne tragen …

Vom 2. Juli 1809 bis zum Sommer 1811 unternahm Byron mit seinem Freund John Cam Hobhouse eine ausgedehnte Reise in den Mittelmeerraum, die in den beiden ersten Gesangen von Childe Harolds Pilgerfahrt *eingefangen ist: Über Lissabon fuhr er nach Spanien, besuchte Sevilla, Cádiz und Gibraltar, weiter nach Malta, durch Albanien und Griechenland, schließlich dann nach Smyrna und Konstantinopel, bevor er über Athen und Malta wieder nach England zurückkehrte.*

Byrons erstes Hauptwerk entstand in zwei Phasen. Mit den ersten beiden Gesängen begann er am 31. Oktober 1809 in Janina (Albanien) und beendete sie am 28. März 1810 in Smyrna. Der dritte Gesang – die Beschreibung der ersten Etappe seines Exils über Antwerpen, Brüssel und Köln zum Genfer See – entstand im Mai/Juni 1816 in der Schweiz und erschien im selben Jahr. Der vierte Gesang wurde im Juni/Juli 1817 in Venedig und La Mira am Brenta geschrieben. Er lag 1818 gedruckt vor.

Die ersten beiden Gesänge erschienen im März 1812 in London und erregten größtes Aufsehen. Byron konstatierte: »Eines Morgens wachte ich auf und war berühmt.«

Childe Harolds Pilgerfahrt

Aus dem Ersten Gesang

Nun bin ich in der Welt allein,
Auf weiter, weiter See;
Was seufz ich viel um fremde Pein?
Wer seufzt um all mein Weh?
Mein Hund vielleicht wehklagt nach mir,
Bis fremde Hand ihn speist;
Wer weiß, ob nicht das treue Tier
Beim Wiedersehn mich beißt.

*

Byron lernte seine fünf Jahre ältere Halbschwester Augusta wahrscheinlich während der Schulferien 1802 in London kennen. Sie war das einzige überlebende von drei Kindern aus der ersten Ehe seines Vaters.

An Augusta Byron

Burgage Manor, 22. März 1804

Obwohl ich, meine stets geliebte Augusta, mit meinen Antworten auf Deine freundlichen und lieben Briefe bisher zu säumen schien, hoffe ich doch, dass Du meine Nachlässigkeit nicht einem Mangel an Liebe, sondern einer Scheu zuschreiben wirst, die von Natur in meinem Charakter liegt. Ich will mir jetzt Mühe geben, soweit es nur irgend in meiner Macht liegt, Deine Zuneigung zu erwidern, und für die Zukunft hoffe ich, Du wirst mich nicht nur als Deinen Bruder, sondern als Deinen wärmsten und liebevollsten Freund ansehen und auch als Deinen *Beschützer*, wenn die Umstände es je erfordern sollten. Bedenke, meine liebste Schwester, dass Du *die nächste Verwandte* bist, die ich in *dieser* Welt besitze, *sowohl durch die Bandes des Bluts wie die der Liebe* (…).

An Augusta

Burgage Manor, 18. August 1804

Meine liebste Augusta, – Heute Nachmittag benutze ich die kurze Abwesenheit meiner *liebenswürdigen* Mutter, Dir wieder Nachricht zu geben oder noch besser von Dir Nachricht über die neuesten Vorkommnisse zu erhalten. Ich selber kann Dir nichts schreiben, was Dich amüsiert, außer einer Wiederholung meiner Klagen über meine Peinigerin, deren *teuflischer* Charakter (entschuldige, dass ich mein Briefpapier mit einem so grausamen Wort beschmutze) mit zunehmendem Alter nur noch schlimmer zu werden und neue Kräfte zu gewinnen scheint. Je öfter ich sie sehe, desto mehr wächst meine Abneigung. Es gelingt mir nicht ganz, sie es nicht merken zu lassen, und sie spürt, was ich von ihr halte. Dadurch wächst sich der Sturm, weit entfernt davon, sich zu legen, zu einem *Orkan* aus, der alles zu vernichten droht, bis er, von seiner eigenen Heftigkeit erschöpft, in eine finstre Lähmung verfällt, die sich nach kurzer Zeit zu einer neuen Wut steigert, höchst furchtbar für mich und erstaunlich für jeden anderen Zeugen. Dann erklärt sie, sie wisse genau, dass ich sie hasse und mit ihren ärgsten Feinden verbündet sei (…). Und da ich ihr nie widerspreche, werden wir alle mit Namen *beehrt*, die zu *zahlreich* und manchmal auch zu *unflätig* sind, um wiederholt werden zu können. In dieser Gesellschaft und auf diese amüsante und instruktive Weise haben sich zwei ermüdende Wochen hingeschleppt und ich bin verurteilt, noch bis zu drei Wochen so heiter wie die ersten zu verbringen. Kein Sklave, kein Kriegsgefangener sehnte sich je mit größerer Freude und Erwartung nach dem Tag der Erlösung und der Rückkehr zur Freiheit als ich meine Rettung aus dieser mütterlichen Knechtschaft entgegensehe; und dieser verfluchte Ort, der die Langeweile selber ist und dümmer als die Ufer der Lethe, obwohl er bei den verhassten Szenen, denen ich jetzt beiwohnen muss, das Gegenteil des Flusses der Vergessenheit ist, erinnert mich zu meinem Bedauern an die glücklicheren Szenen, die ich hier erlebte, und lässt mich ihre Wiederkehr wünschen.

Das, liebe Augusta, ist das glückliche Leben, das ich jetzt führe, das sind meine *Freuden.* Ich gehe umher und hasse alles, was mir zu Gesicht kommt, und wenn ich hier noch ein paar Monate bliebe, würde ich teils aus *Neid, Spleen und der ganzen Lieblosigkeit* ein vollkommener *Misanthrop* werden, aber trotzdem bleibe ich, liebste Augusta, immer Dein etc., etc.
Byron

*

Childe Harolds Pilgerfahrt

Aus der Vorrede

Eine fingierte Persönlichkeit wurde gewählt, um die einzelnen Teile des Gedichts inniger miteinander zu verbinden, das übrigens keinen Anspruch auf Regelmäßigkeit macht. Meine Freunde, auf deren Urteil ich großen Wert lege, haben mir zu bedenken gegeben, dass ich in den Verdacht geraten könnte, als wollte ich unter dem erdichteten Childe Harold eine wirkliche Persönlichkeit darstellen. Ich müsste eine solche Unterstellung ein für alle Mal zurückweisen: Harold ist lediglich ein Kind meiner Phantasie … es wäre vielleicht angenehmer und jedenfalls leichter gewesen, einen liebenswürdigeren Charakter zu zeichnen. Ich hätte leicht seine Fehler übertünchen, ihn mehr handeln und weniger sprechen lassen können. Ich wollte ja aber kein Musterbild aus ihm machen, sondern nur zeigen, wie eine frühzeitige Verderbnis des Herzens und der Sitten zur Übersättigung in alten Genüssen und zur Täuschung über neue führt und dass selbst die Schönheiten der Natur und die Reize des Reisens an einem so angelegten oder vielmehr irregeleiteten Gemüte spurlos vorübergehen.

Aus dem Ersten Gesang

Es lebt' ein Jüngling einst in Albions Land,
Dem nicht der Pfad der Ehrbarkeit behagte,
Der seinen Tag verlor mit wüstem Tand,
Der Nächte schläfrig Ohr mit Jubel plagte.

Er war ein Wicht, der aller Scham entsagte,
Ein Freund unheil'ger Lust und Schwärmerei,
Der nichts nach andern Erdendingen fragte
Als lockren Frauen, üpp'ger Kumpanei
Und flotter Brüderschaft, wie niedrig sie auch sei.

Childe Harold hieß er; aber sein Geschlecht
Und Ahnenreihe darf ich euch nicht sagen:
Euch mag genügen, dass vielleicht mit Recht
Sein Haus berühmt war in vergangnen Tagen.
Doch welchen Glanz ein Nam' auch einst getragen,
Ein schlechter Spross verdunkelt all sein Licht;
Kein Wappenschmuck noch Staub in Sarkophagen,
Kein Redeschwulst und honigsüß Gedicht
Adelt die böse Tat und wendet das Gericht.

Childe Harold spielt' im Strahl der Mittagssonnen,
Wie jede andre Fliege, froh und frei.
Er wusste nicht, dass, eh der Tag verronnen,
Ein Frost vernichten kann den ganzen Mai.
Doch lang bevor sein Morgen war vorbei,
Befiel ein Schlimmeres als Unglück ihn:
Er fühlte satt sich von dem Einerlei!
Da trieb der Ekel ihn, sein Land zu fliehn,
Das nun ihm öder als des Klausners Zelle schien.

Und Harolds Mutter? – nicht vergaß er sie,
Doch ihr Lebwohl zu sagen, fiel ihm schwer.
Er liebte seine Schwester, doch auch sie
Sah er vor seiner Pilgerfahrt nicht mehr.

Hatt er noch Freunde, keinen grüßte er.
Wähnt aber nicht, sein Busen sei von Erz:
Für wen'ge teure Wesen glühen – wer
Dies Glühn kennt, der fühlt mit stillem Schmerz,
Solch Abschiednehmen bricht, und heilet nie, das Herz!

*

John M. B. Pigot und seine Schwester Elizabeth Bridget Pigot zählten zu Byrons engen Freunden während seiner Studienzeit in Cambridge.

An John M. B. Pigot

16 Piccadilly, 9. August 1806

Mein lieber Pigot, – Vielen Dank für den amüsanten Brief über die letzten Handlungen meiner liebenswürdigen Alecto [eine der Furien, gemeint ist Byrons Mutter], die jetzt die Folgen ihrer Torheit zu fühlen beginnt. Ich habe gerade eine bußfertige Epistel erhalten, auf die ich aus Furcht vor Verfolgung eine gemäßigte Antwort gegeben habe mit einer Art Versprechen, in vierzehn Tagen zurückzukommen; – was ich jedoch *(entre nous)* nicht zu halten gedenke. Ihre Hörer müssen von ihren zarten Trillern entzückt gewesen sein, da ja ihre hohen Töne besonders musikalisch wirken und in einer stillen Mondnacht sicher wunderbar anzuhören sind. Wäre ich als Zuschauer zugegen gewesen, so hätte mir nichts besser gefallen; aber als eine der *dramatis personae* zu erscheinen – der Heilige Dominik bewahre mich vor einer solchen Szene! Im Ernst, ich bin Ihrer Mutter sehr verbunden, und Sie und die ganze Familie verdienen meinen wärmsten Dank für Ihre gütige stillschweigende Unterstützung meiner Flucht vor »Mrs. Byron *furiosa*«. (…) Hier bleibe ich mindestens sieben bis zehn Tage. Vor meiner Abreise werden Sie meine neue Adresse erhalten. Wie sie lautet, weiß ich noch nicht. Meine Wohnung muss vor Mrs. B. geheimgehalten werden. Sie können ihr meine Grüße bestellen und ihr ausrichten, dass jeder Versuch, mir nachzusetzen, zu nichts führen wird (…).

Adieu. Wenn Sie mich in Ihrem nächsten Brief anreden, lassen Sie die »Lordschaft« weg und schreiben Sie »Byron« stattdessen.

Immer Ihr etc. Byron

*

Childe Harolds Pilgerfahrt

Aus dem Ersten Gesang

Auch Harold hatte viel geliebt und oft,
Oder davon geträumt; denn Wonn ist Traum:
Hier aber hat er seufzend nie gehofft.
Noch hatt er nicht geschöpft an Lethes Saum
Und hatt erst jüngst gelernt, dass Liebe kaum
Wertvollre Gabe hat als ihre Schwingen:
Des vollsten Freudenquelles, ach entspringen
Doch bittre Gifte, die den Blumenflor durchdringen.

Er war nicht blind für Schönheit, aber meist
Sah er sie an, wie sie ein Weiser sieht;
Denn wenn die Weisheit auch solch einem Geist
Die keusche Hoheit ihres Blicks entzieht,
Rast Wollust doch in Schlaf sich – oder flieht.
Begrub sein Hoffen all, das längst verschied;
Der Sattheit Opfer! Graun, das knirschend lebt,
Wie Kains unsteter Fluch die welke Stirn umschwebt.

Er schaute zu und blieb der Menge fern,
Doch nicht als Menschenfeind sah er sie an;
Gesang und Tänze teilen würd er gern,
Doch wen ein Fluch zu Boden drückt, wie kann
Der lächeln? Nichts erlöst' ihn von dem Bann;
Nur einmal rang er mit des Dämons Macht,
Als er im Saal der Schönheit saß und sann;
Da sang er dieses Lied unvorbedacht
An Reize, schön wie sie, die einst ihm Glück gelacht.

An Inez

Nein, lächle nicht mir Finstrem zu;
Ich kann nicht lächeln, wie du wolltest:
Gott aber gebe nicht, dass du
Je weinen, fruchtlos weinen solltest!

Und fragst du, welch verborgnes Graun
Mir Jugendglück und Kraft erdrückte?
Und willst umsonst das Wehe schaun,
Das dir zu lindern selbst missglückte?

Es ist nicht Lieb, es ist nicht Hass,
Nicht um verlornen Ruhm die Reue,
Wenn lebenssatt ich alles, was
Ich köstlich fand, nun flieh und scheue.

Es ist der volle Überdruss,
Den ich aus allen Dingen sauge:
Mich lockt nicht Schönheit zum Genuss,
Und kaum bezaubert mich dein Auge.

Es ist das tiefe ew'ge Graun,
Das Judas Flüchtling einst getroffen,
Das übers Grab nicht wagt zu schaun
Und kann doch hier nicht Ruhe hoffen.

Kann vor sich selbst der Flüchtling fliehn?
Ob er von Land zu Lande wanke,
Des Daseins Fluch begleitet ihn,
Der finstre Dämon, der Gedanke!

Und doch in Freuden, die ich floh,
Wie viele schwelgen noch und lachen!
Oh, lass sie träumen, lass sie so,
Wie ich erwacht bin, nie erwachen!

Mit der Erinnrung schwerem Joch
Muss ich nun pilgern bis zum Grabe,
Und all mein Trost ist, dass ich doch
Das Ärgste schon erfahren habe.

Was ist das Ärgste? – Frag es nie!
Bewahr dein Lächeln und dein Scherzen.
Entschleire nicht und nimmer sieh
Die Höll in einem Menschenherzen!

*

An Elizabeth Bridget Pigot

Trinity College, Cambridge, 26. Oktober 1807

Meine liebe Elizabeth, – Müde vom Aufsitzen in den beiden letzten Nächten bis vier Uhr morgens beim Würfelspiel, greife ich zur Feder, um mich zu erkundigen, was Ihre Hoheit und meine übrigen weiblichen Bekannten am Sitz der erzbischöflichen Herrlichkeit treiben. Ich weiß, dass ich für meine Nachlässigkeit im Schreiben gescholten zu werden verdiene. Aber wie war es möglich, die Pflichten eines Korrespondenten zu erfüllen, da ich während der letzten drei Monate auf und ab durch das Land gebraust bin? Jetzt habe ich mich endlich für ein halbes Jahr hier festgesetzt und schreibe, dünn wie je (ich habe seit meiner Abmagerung nicht eine Unze zugenommen) und in etwas besserer Stimmung; – aber Southwell war wirklich ein abscheulicher Aufenthalt. Dank der heiligen Dominika habe ich Schluss damit gemacht. Ich war zweimal bis auf acht Meilen in der Nähe, aber ich konnte es nicht über mich bringen, in seiner drückenden Atmosphäre zu ersticken. Dieser Ort ist kläglich genug – ein scheußliches Chaos aus Lärm und Trunkenheit, nichts als Würfelspiel und Burgunder, Jagen und Mathematik, und in Newmarket nichts als Ausschweifungen und Pferderennen. Dabei ist Newmarket ein Paradies verglichen mit der ewigen Langeweile von Southwell. Oh, welch ein Elend, nichts als Liebe, Verse und sich Feinde zu machen!

Nächsten Januar (aber das ist nur entre nous und bitte lassen Sie es so, sonst wird meine mütterliche Verfolgerin ihren Tomahawk auf jeden meiner seltsamen Pläne werfen) gehe ich für vier bis fünf Monate zur See mit meinem Vetter Captain Bettesworth, der die Tartar befehligt, die feinste Fregatte der Marine. Ich habe fast alles auf dem Land gesehen und möchte mir jetzt das Leben zur See anschauen. Wahrscheinlich fahren wir ins Mittelmeer oder nach den westindischen Inseln oder – zum Teufel. Wenn eine Möglichkeit besteht, mich zu letzterem zu bringen, dann wird Bettesworth es schaffen. Denn er hat vierundzwanzig Wunden an verschiedenen Stellen erhalten und ist zur Zeit im Besitz eines Briefes von Lord Nelson, worin es heißt, dass Bettesworth der einzige Marineoffizier ist, der mehr Wunden hat als Nelson selber.

Ich habe einen neuen Freund, den besten in der Welt, einen zahmen Bären. Als ich ihn hierher brachte, fragte man mich, was ich mit ihm tun wolle, und ich erwiderte, »er solle für einen Lehrstuhl sitzen« ... Diese Antwort erregte kein Entzücken. Wir haben verschiedene Gesellschaften hier, und heute Abend speist ein großes Sortiment von Jockeys, Spielern, Boxern, Autoren, Pfarrern und Dichtern bei mir – eine tolle Mischung, aber sie vertragen sich gut miteinander; und ich meinerseits bin von allem ein bisschen etwas, nur kein Jockey. Übrigens wurde ich erst unlängst wieder abgeworfen.

Danken Sie Ihrem Bruder in meinem Namen für seine Abhandlung. Ich habe 214 Seiten eines Romans, ein Gedicht von

380 Zeilen, das ohne meinen Namen und mit Noten versehen in einigen Wochen veröffentlicht werden soll, 560 Zeilen von Bosworth Field und 250 Zeilen eines anderen Gedichtes in Reimen, daneben ein halbes Dutzend kleinerer Stücke geschrieben. Das Gedicht, das veröffentlicht wird, ist eine Satire. Apropos, in der Kritischen Revue wurde ich in den Himmel gehoben und in einer anderen Zeitschrift schwer verrissen. Umso besser, sagt man mir, für den Verkauf des Buches: es hält Kontroversen aufrecht und verhindert, dass es in Vergessenheit gerät. Außerdem haben die bedeutendsten Männer aller Zeiten so etwas erfahren und auch die bescheidensten werden nicht verschont; – so trage ich es wie ein Philosoph. Es ist seltsam, dass zwei entgegengesetzte Kritiken am gleichen Tag erschienen. Mein Tadler zitiert auf fünf Seiten voller Schmähungen nur zwei Zeilen aus verschiedenen Gedichten als Stütze für seine Meinung. Die richtige Art, einen Autor herunterzumachen, besteht aber darin, lange Stellen zu zitieren und sie albern erscheinen zu lassen, weil bloße Behauptungen kein Beweis sind. Dagegen stehen sieben Seiten voller Lob, und noch mehr, als meine Bescheidenheit zu wiederholen zulässt, wird über den Gegenstand gesagt. Adieu.

*

Childe Harolds Pilgerfahrt

Aus dem Zweiten Gesang

Auf Felsen sitzen, über Wellen träumen,
Lustwandeln unter schatt'gem Waldesgraun,
Wo freies Leben wohnt in freien Räumen,
Wohin sich Menschenschritte nie getraun;
Auf Berge klettern ohne Pfad und Zaun,
Mit wilden Herden, die der Hürd entbehren;
Allein in Schlucht und Gießbach niederschaun –
Das ist nicht Einsamkeit, das heißt verkehren
Mit Reizen der Natur und ihre Wunder ehren.

Dagegen im Gewühl und Lärm mit andern
Sehn, hören, fühlen, sorgen, ohne Rast,
Als müder Pilger durch das Leben wandern,
Wo nichts dich liebt, du nichts zu lieben hast,
Schoßkind des Prunks, das vor der Not erblasst,
Wo niemand mit verwandter Freundlichkeit,
Kein Schmeichler, kein Gespiele, Freund und Gast
Einst wen'ger lächelt, wann ihr nicht mehr seid –
Das heißt allein sein, das, o das ist Einsamkeit!

Mein Hellas! Trümmerstätt entschwundner Schöne!
Tot, doch unsterblich; groß, obwohl entweiht!
Wer sammelt deine weitzerstreuten Söhne
Und heilt der Knechtschaft altgewohntes Leid?
Wie anders deine Söhne in alter Zeit,
Als in Thermopyläs geweihtem Passe

Sie willig stritten hoffnungslosen Streit!
Ist keiner, den der alte Geist erfasse,
Dass er aus deiner Gruft dir bahnen mag die Gasse?

Und doch, wie bist du schön in deinem Weh!
Heimat der Götter und der Göttergleichen!
Der Täler ewig Grün, der Berge Schnee
Trägt noch der alten Anmut Adelszeichen.
Langsam, vermischt mit Staub der Heldenleichen,
Beugt sich der Tempel auf dein Angesicht,
Vom Pflug zerbröckelt mit stumpfsinn'gen Streichen.
So brechen Menschenwerke, so zerbricht
Alles – nur eins, der Ruhm der wahren Größe nicht.

Aus dem Dritten Gesang

Doch sah er bald, er passte nicht, zu wandern
Mit Menschen, welche nichts mit ihm verband;
Er lernte nie sein eignes Denken andern
Aufopfern, wenn es auch wie Flammenbrand
Die Seel' erstickt, eh seine Jugend schwand.
Sein Geist erkannte nie als seine Herrn
Die Geister, wider die er trotzend stand;
Stolz, wenn auch freudlos – er beschied sich gern,
Allein zu sein mit sich, vom Hauch des Menschen fern.

Wo das Gebirg emporstieg, war sein Freund;
Wo Meere rollten, fühlt' er sich zu Haus;
Wo Himmel blauen und die Sonne bräunt,

Da trieb zu wandern ihn sein Herz hinaus;
Wald, Wüste, Grotte, Brandung und Gebraus
War ihm Gesellschaft; mächt'ger sprachen nicht
Die Sänger seines Volks das Tiefste aus,
Und *sie* vertauscht' er oft mit dem Gedicht,
Das die Natur schreibt – auf den See mit Sonnenlicht.

Wer vor der Welt flieht, hasst noch nicht die Welt;
Ihr Lärm und Ringen schickt sich nicht für alle;
Noch ist es Trotz, wenn still der Geist sich hält
Im eignen Quell, dass er nicht überwalle
Im heißen Weltdrang und zum Opfer falle
Menschlichem Siechtum. Allzu lang, zu spät
Knirschen wir dann und zerren an der Falle,
Wo jeder Unrecht erntet, Unrecht sät,
Wo jeder kämpft und doch kein ein'zger Kraft verrät.

Wenn dann der Geist, erlöst von aller Pein
Gemeiner Formen, die ihn hier umgeben,
Frei wird vom Fleische, das zu bessrem Sein
In Wurm und Fliege neu sich mag beleben;
Wenn Licht zum Licht und Staub zum Staube streben,
Werd ich nicht alles, was ich sehe, dann
Viel tiefer fühlen, nicht den Flug erheben
Zum reinen Geiste, der das All ersann,
Und des unsterblich Wehn ich hier schon ahnen kann?

Sind Berge, Wogen, Himmel nicht ein Stück
Von meiner Seele, wie von ihnen ich?
Ist sie zu lieben nicht mein reinstes Glück?

Und alles, was ich ihnen je verglich,
Sollt ich es nicht verachten? Soll ich mich
Aus Furcht vor Schmerzen dieser Lieb entschlagen?
Soll dieses Herz in stummes Phlegma sich
Weltlich versenken, wie die Feigen, Zagen,
Die stets zu Boden schaun und nicht zu glühen wagen?

Ihr Sterne, Poesie des Himmels! – Ja,
Dass wir der Menschen und der Völker Los
In eurer Goldschrift lesen, liegt so nah:
In unserm Range, stark zu sein und groß,
Reißt unser Schicksal sich vom Staube los
Und heischt mit euch Verwandtschaft. Denn ihr tragt
Schönheit und Ewigkeit in eurem Schoß,
Danach so mächtig unsre Sehnsucht ragt,
Dass Glück, Ruhm, Leben, Macht sich »Stern« zu nennen wagt.

In Einsamkeit am wenigsten allein,
Ahnt dann die Seel unendlich Leben schon,
Wie eine Wahrheit, die dann euer Sein
Reinglüht vom Ich: es ist, als wär ein Ton,
Die Seele der Musik, zu euch entflohn,
Damit ihr ew'ge Harmonie empfindet,
Ein Zauber, welcher Erd und Himmelsthron,
Cytheres Gürtel gleich, in Schönheit bindet,
Der dem Gespenst des Tods die stumpfe Waff entwindet.

Die alten Perser bauten den Altar
Nicht ohne Ursach auf die höchste Wacht
Weltüberschaunder Berge; passend war

Ihr Tempel ungemauert, unbedacht,
Den Geist zu suchen, dessen Ehr und Macht
Ein Menschenbau nicht fasst. Vergleiche nur
Der Griechen Säulen und der Dome Pracht
Mit Erd und Luft, den Kirchen der Natur,
Und heft an Mauern nicht dein Flehn und deinen Schwur.

*

Der Altphilologe Henry Drury, Sohn des Direktors der Harrow School, war Byrons Tutor und stand auch nach der Schulzeit mit ihm in freundschaftlicher Verbindung.

An Henry Drury

Fregatte Salsette, 3. Mai 1810

Mein lieber Drury, – Als ich vor fast einem Jahr England verließ, hast Du mich gebeten, Dir zu schreiben, was ich hiermit tue. Ich habe Portugal und das südliche Spanien durchquert, Sardinien, Sizilien und Malta besucht und bin von da in die Türkei gereist, durch die ich noch immer wandre. Ich landete zunächst in Albanien, dem alten Epirus, wo wir bis zum Mont Tomarit vorstießen, glänzend aufgenommen von dem Befehlshaber Ali Pascha, – und nach einer Reise durch Illyrien, Chaonien etc. überquerten wir mit einer Eskorte von fünfzig Albanern den Golf von Aktium und passierten auf unserem Weg durch Akarnanien und Ätolien den Achelos. Wir hielten uns kurz auf dem Peloponnes auf, überquerten den Golf von Lepanto und landeten am Fuß des Parnass, – wir sahen alles, was noch von Delphi übriggeblieben ist, dann weiter nach Theben und schließlich nach Athen, wo wir zehn Wochen blieben.

Seiner Majestät Schiff *Pylades* brachte uns nach Smyrna; aber erst nachdem wir Attika, Marathon und das Vorgebirge von Sunion natürlich eingeschlossen, genau besichtigt hatten. Von Smyrna ging die Reise nach der Troas, die wir besuchten, als wir vierzehn Tage lang in der Nähe des Grabes des Antilochus vor Anker lagen; und jetzt liegen wir in den Dardanellen und warten auf Wind, um nach Konstantinopel weiterzufahren.

Heute früh schwamm ich von Sestos nach Abydos. Die direkte Entfernung beträgt nicht mehr als eine Meile, aber die Strömung hat ihre Gefahren – und zwar so große, dass ich zweifle, ob Leanders Liebesleidenschaft auf seinem Weg zum Paradies nicht etwas abgekühlt wurde. Ich versuchte es vor einer Woche vergeblich – gehindert durch den Nordwind und die erstaunlich reißende Flut –, obwohl ich von Kindheit an ein kräftiger Schwimmer bin. Aber da es heute Morgen ruhiger war, ist es mir gelungen, und ich durchschwamm den »breiten Hellespont« in einer Stunde und zehn Minuten …

Du kennst Griechenland, das alte wie das moderne, zu gut, um eine Beschreibung nötig zu haben. Von Albanien habe ich mehr als jeder Engländer (Mr. Leake ausgenommen) gesehen; denn dieses Land wird wegen des wilden Charakters der Eingeborenen wenig besucht, obwohl es reicher an Naturschönheiten ist als die klassischen Gegenden Griechenlands (…).

Troas bietet ein schönes Feld für Spekulationen und die Schnepfenjagd, und ein guter Sportsmann und ein phantasievoller Gelehrter können hier ihre Füße und ihre Fähigkeiten zu großem Vorteil gebrauchen; – oder, wenn sie lieber reiten, können sie (wie ich) den Weg in dem verfluchten Morast des Skamander verlieren, der sich schlängelt, als ob die Dardanischen Jungfrauen noch immer ihren üblichen Tribut anböten. (...)

Zwischen uns und den Türken kann ich keinen großen Unterschied bemerken, außer dass wir (eine Vorhaut) haben und sie keine – dass sie lange Kleider tragen und wir kurze und dass wir viel und sie wenig reden. Sie sind verständige Leute. Ali Pascha sagte mir, er sei von meinem hohen Rang überzeugt, weil ich *kleine Ohren und Hände und gelocktes Haar* hätte. Übrigens spreche ich Romanisch, das moderne Griechisch, ziemlich gut. Es unterscheidet sich von den antiken Dialekten nicht so sehr, wie man annehmen möchte; nur die Aussprache ist diametral verschieden. Von Versen, außer gereimten, haben sie keine Idee.

Ich mag die Griechen. Sie sind nette Gauner – mit allen Lastern der Türken, aber ohne deren Mut. Einige sind freilich tapfer und alle sind schön. Sie erinnern sehr an die Büsten des Alkibiades; – die Frauen sind nicht ganz so hübsch. Ich kann auf Türkisch fluchen; doch außer einem grässlichen Schwur und den Wörtern »Kuppler, Brot und Wasser« verfüge ich über keinen großen Wortschatz. Sie sind zu vornehmen und gehörig geschützten Fremden ungemein höflich; und da ich zwei Diener und zwei Soldaten um mich habe, kommen wir *prachtvoll* miteinander aus. Gelegentlich wurden wir von Dieben und einmal vom Schiffbruch bedroht, – aber wir kamen immer gut davon.

Einen Bericht über Spanien habe ich unserm Hodgson gesandt. Seitdem habe ich niemand geschrieben, außer kurze

Mitteilungen an Verwandte und Anwälte, um sie mir fern zu halten. Bei meiner Rückkehr habe ich die Absicht mit vielen meiner besten Freunde – die ich dafür hielt – abzubrechen – und für den Rest meines Lebens zu murren. Mit Dir hoffe ich aber noch heiter zu lachen und Dwyer zu umarmen und Hodgson zuzutrinken, bevor ich ein Zyniker werde ...

Und das Buch von Hobhouse [»Nachahmungen und Übersetzungen aus den antiken und modernen Klassikern«, mit neun Beiträgen Byrons] mit meinem sentimentalen Singsang als Füllsel ist also heraus – und wie geht es, he? Und wo zum Henker bleibt die zweite Auflage meiner Satire [»Englische Barden und schottische Kritiker«] mit den Ergänzungen? und meinem Namen auf dem Titelblatt? und den neuen, ans Ende gehängten Zeilen und der neuen Vorrede und was sonst noch heiß von meinem Amboss kam, bevor ich dem Kanal den Rücken kehrte? Das Mittelmeer und der Atlantische Ozean rollen zwischen mir und der Kritik; und der Donner der hyperboreischen Revue wird vom Toben des Hellesponts übertönt ...

Am 2. Juli werden wir Albion ein Jahr hinter uns haben – *oblitus meorum obliviscendus et illis.* Ich hatte mein eigenes Land satt, und war nicht sehr für ein anderes eingenommen; aber ich »schleppe meine Kette«, ohne sie »mit jedem Schritt zu verlängern«. Ich bin wie der lustige Müller, ich kümmere mich um niemand, und niemand kümmert sich um mich. In meinen Augen sind alle Länder so ziemlich gleich. Ich rauche, starre die Berge an und drehe meinen Schnurrbart in großer Unabhängigkeit. Ich vermisse keine Bequemlichkeiten, und die Moskitos, die die kränkliche Hülle von Hobhouse martern, machen meiner glücklicherweise nicht viel aus, da ich mäßiger lebe.

In meinem Katalog habe ich Ephesus ausgelassen, das ich während meines Aufenthaltes in Smyrna besuchte; aber der Tempel ist fast ganz verschwunden und Sankt Paulus braucht sich nicht die Mühe zu machen, Briefe an die gegenwärtige Brut der Epheser zu richten, die eine große, ganz aus Marmor erbaute Kirche in eine Moschee verwandelt haben. Wie mir scheint, sieht das Gebäude darum nicht schlechter aus.

Das Papier ist voll und meine Tinte versiegt – darum guten Abend! (…) Fast hätte ich Dir zu sagen vergessen, dass ich mich sterblich in drei griechische Mädchen verliebt habe. Sie sind Schwestern und ich wohnte im gleichen Hause. Teresa, Mariana und Katinka sind die Namen dieser göttlichen Geschöpfe – alle unter fünfzehn.

Dein (…) Byron

*

Childe Harolds Pilgerfahrt

Aus dem Dritten Gesang

Ich liebte nicht die Welt, noch liebt sie mich;
Ich schmeichelt ihrem geilen Atem nie,
Log ihr kein Lächeln vor, noch beugte sich
Vor ihren Götzen mein geduldig Knie;
Ich war kein Echo, wenn die Menge schrie;
Umringt von ihr, blieb ich ein Fremdling doch,
Verschleiert in Gedanken, welche sie
Nicht denken kann. So leben könnt ich noch,
Hatte ich mein Herz gewahrt und nicht entweiht im Joch.

Ich liebte nicht die Welt, die mich nicht liebt,
Doch will ich scheiden wie ein offner Feind.
Ich glaub – obwohl ich sie nicht fand –, es gibt
Hoffnung, die Wort hält, Wort, das Wahrheit meint,
Und Tugend, deren Mitleid nicht versteint,
Die keine Netze für die Schwachen spinnt;
Vielleicht gibt's einen, der um andre weint,
Zwei oder drei, die, was sie scheinen, sind,
Vielleicht ist Tugend mehr als Schall, Glück mehr als Wind.

Aus dem Vierten Gesang

Ich lernte Fremde Zung und ward ein Mann,
Nicht fremd für fremde Augen. Frei ist der,
Den Neuheit nicht mehr überraschen kann:
Sich eine Heimat gründen, ist nicht schwer,
Ob reich an Menschen oder menschenleer.
In einem Reiche stolzer Männer stand
Mein Vaterhaus – weshalb kam ich hierher?
Der Freiheit und der Weisheit Inselland,
Weshalb vertauscht ich es mit diesem fernen Strand?

Ich hatt es lieb vielleicht; und soll im Schoß
Der fremden Erd ich ruhn, wohlan, so schwebe
Mein Geist zur Heimat, falls er körperlos
Die Wallfahrt wählen darf; denn ich verwebe
Die Hoffnung, dass mein Nam auf Erden lebe,
Mit meines Landes Sprach, und wenn zu weit,
Zu hoch ich meiner Wünsche Ziel erhebe,

Wenn mir mein Ruhm so wie mein Glück gedeiht,
Rasch blühend, rasch verdorrt – wenn die Vergessenheit

Den Tempel mir verschließt, wo Nationen
Die Toten ehren, sei es gern verziehn;
Drückt auf ein stolzres Haupt die Lorbeerkronen,
Des Sparters Grabschrift werde mir verliehen:
»Sparta hat manchen bessern Sohn als ihn.«
Ich suche Mitleid nicht; die Dornenrute,
Die ich geerntet, ist am Baum gediehn,
Den ich gepflanzt – sie sticht mich, und ich blute;
Ich kannte ja den Keim, in dem der Samen ruhte.

Und Liebe, die sonst kommt und stirbt in Schmerzen,
Nahm sie nicht teil an ew'ger Seligkeit,
Als Götterherz verschmolz mit Menschenherzen?
Ward sie nicht selbst unsterblich und gefeit?
Hat nicht Egerias Kunst für alle Zeit
Mit Himmelreinheit Erdenlust verklärt,
Den Pfeil – nicht abgestumpft – vom Gift befreit,
Das Kraut entwurzelt, das im Busen schwärt,
Die ekle Sattheit, die all unser Glück verheert?

Ach, unsre junge Liebe wird verprasst
Oder bewässert Wüsten; draus entstehn
Unkraut der Üppigkeit, Schierling der Hast,
Kernfaul, wenn auch verlockend anzusehn,
Sumpfblumen, die den Duft des Todes wehn,
Und Bäume gift'gen Harzes. Solche Zucht
Muss unterm Fuß der Leidenschaft erstehn,

Wenn sie in öder Welt auf heißer Flucht
Vergebens schmachtet nach verbotner Himmelsfrucht.

O Liebe! Sie hat nie gewohnt auf Erden;
Sie ist ein Seraph, und man glaubt an sie,
Und Märtyrer für diesen Glauben werden
Gebrochne Herzen; so sie schauen, wie
Sie wirklich ist, wird unser Auge nie,
Der Geist, der auch im Himmel liebt zu schalten,
Schuf sie aus eigner brünst'ger Phantasie
Und gab der Sehnsucht Formen und Gestalten,
Danach die Seele lechzt – heiß, krank versengt, zerspalten.

An seiner eignen Schönheit krankt der Geist,
Und fiebernd schafft er Schemen. Wo sind, wo,
Die Formen, die der Bildner atmen heißt?
Allein in ihm, Natur schuf nimmer so,
Wo sind der Reiz, die Tugenden, die froh
Der Knabe träumt und die der Mann begehrt,
Das Paradies, das immer wieder floh,
Das Kiel und Pinsel allzu tief belehrt
Und in Gebild und Schrift allmächtig wiederkehrt?

Die Lieb ist Jugendwahnsinn, doch noch schlimmer
Ist ihre Heilung, Reiz und Reiz zerrinnt,
Der unsre Götzen hüllt in falschen Schimmer;
Dann sehn wir, innrer Wert und Schönheit sind
Nur in der Welt des Geistes. Doch umspinnt
Der Zauber uns und lockt mit feiner List;
Wir ernten Sturm vom oftgesäten Wind;

Das eigensinn'ge Herz, der Alchimist,
Hofft immer neu und jauchzt – wenn es betrogen ist.

O dass mit einer einz'gen holden Fee
Ich wohnen dürft in tiefen Wüsteneien;
Vergessen würd ich alles Menschenweh,
Und keinen hassend, liebt ich sie allein.
Ihr Elemente, deren Wehen mein
Aufatmendes Gefühl so stolz durchbebt,
Könnt ihr ein solches Glück mir nicht verleihn?
Ist's Wahn, dass solch Geschlecht hienieden lebt,
Wenngleich der Mensch zu ihm nur selten sich erhebt?

Es wohnt Genuss im dunklen Waldesgrüne,
Gesellschaft ist, wo alles menschleer,
Entzücken weilt auf unbetretner Düne,
Musik im Wellenschlag am ew'gen Meer.
Die Menschen lieb ich, doch Natur noch mehr;
Denn allem, was ich war und bin, entrann
Ich oft in solchem heimlichen Verkehr,
Um aufzugehn im All, und fühlte dann
Mehr, als ich sagen, mehr, als ich verschweigen kann.

*

Lara

Eine Erzählung

Canto I, 17

Seltsam vermischt in ihm war vieles, was
Man sucht und flieht, was Liebe weckt und Hass;
Schwankend um sein verhülltes Schicksal wob
Die Meinung ihren Tadel und ihr Lob.
Je mehr er schwieg, die Welt sprach desto mehr:
Man riet, man gaffte, fragte hin und her:
Was war, was ist er, der so unbekannt,
Bis auf den Namen, wandelt durch das Land?
Ein Menschenhasser? – Aber ein'ge meinen,
Er könne mit den Frohen froh erscheinen,
Obwohl sein Lächeln, wenn man's nah besieht,
Hinwelkt in Scherz und sich zu Hohn verzieht,
Dies Lächeln streift den Mund nur; niemals saht
Ihr, dass es lachend bis ins Auge trat.
Zwar, Weichheit auch war oft in seinem Blick,
Ein Herz, verhärtet erst durch Missgeschick,
Doch, wenn er sich bemerkt sah, schien's, als breche
Sein stolzer Geist den Staub ob solcher Schwäche
Und sträubte trotzig sich, dem großen Haufen
Die halbversagte Achtung abzukaufen;
Das ist des Herzens Buße, das zuvor
Durch zu viel Zärtlichkeit sein Glück verlor,
Das ist des Grames Mißtraun; er umgibt
Sich selbst mit Hass, weil er zu sehr geliebt.

1814

II
»HERZ, LEIDENSCHAFTEN, HOFFEN UND VERZAGEN«

Aus Gedichten und Briefen der Jahre 1805–1815

Ach, gab es eine Liebe je
Ganz ohne Zweifel, Not und Weh?

1805 begann Byron sein Studium am Trinity College in Cambridge. Bereitwillig ließ er sich vom »allgemeinen Libertinismus« anstecken. Er lebte auf großem Fuß, hatte zahlreiche Verhältnisse und schrieb an seinen Freund John Cam Hobhouse: »Ich bin eingetaucht in einen Abgrund von Sinnlichkeit.« Zwischen 1806 und 1808 veröffentlichte er seine Jugendgedichte. Im Sommer 1808 bestand er sein Magisterexamen. Vom Juli 1809 bis zum Sommer 1811 unternahm er mit Hobhouse eine ausgedehnte Reise durch den Mittelmeerraum. Nach England zurückgekehrt, wurde er durch Childe Harold *berühmt und umworben, glänzte und stürzte immer wieder in Selbstzweifel und Melancholie.*

An Caroline

Lass, solang es vergönnt, uns die Seligkeit trinken,
Die uns Liebe, wie diese, doch immer beschert;
Voll zum Rand soll der Becher des Lebens uns blinken
Und als Nektar der Erde sei frisch er geleert.

1805

Gemahn mich nicht …

Gemahn mich nicht, gemahn mich nicht
An jene teure Zeit, die schwand,
Als noch mein Herz so einzig dein,
Nie zu vergessen, bis versiecht
Des Lebens Mark, kalt Herz und Hand,
Wenn längst wir aufgehört zu sein.

Kann ich, kannst du vergessen je,
Wie bebend, wenn im Goldhaar leis
Ich dir gespielt, das Herz dir schwoll?
O wahrlich, schmachten jetzt noch seh
Ich deinen Blick, die Brust so weiß,
Die Lippe stumm, doch liebevoll.

Wenn du so lagst am Herzen mir,
War dieses Auges Blick so heiß,
Als weck und tadle er die Lust,
Und immer näher rückten wir

Und hingen Mund an Mund, als sei's,
Um zu verhauchen Brust an Brust,

Bis sich dein sinnend Auge schloss,
Ein Lid dem andern hold gepaart,
Umschleiernd leis das Azurrund;
Die dunkle, lange Wimper floss
Herab zur Wange süß und zart,
Wie Rabenschwing auf schnee'gem Grund.

Wir liebten wieder uns – so schien
Im Traum es mir –, und süßer war
Selbst dieses Traumes Phantasie,
Als tausend andrer wach Erglühn,
Denn oh! so rein und tief und klar
Ist doch ein andres Auge nie.

Drum sprich mir nicht, gemahn mich nicht
An Stunden, die, obgleich dahin,
So holde Träume noch verleihn,
Bis starr einst unser Auge bricht
Und kalt und fühllos Herz und Sinn,
Wie auf dem Grab der kalte Stein.

13. August 1808

An eine Dame, auf die Frage, warum ich England im Frühjahr verlasse

Als Adam aus dem Paradies
Verbannt, zurück noch einmal sah,
Empfand er, was er all verließ,
Und sein Geschick verflucht' er da.

Doch wandernd fort durch fremdes Land,
Lernt' er ertragen all sein Leid;
Ein Seufzer noch – und Tröstung fand
Er in der Welt Geschäftigkeit.

So, Teure, ist es auch mit mir;
Auf dir darf nimmer ruhn mein Blick;
Denn stets, solang ich nahe dir,
Seufz ich nach all dem frühern Glück.

Klug ist, zu fliehn, es drum gewiss,
Mich vom Versucher zu befrein;
Ich kann nicht schaun mein Paradies,
Nicht wünschend, auch darin zu sein.

2. Dezember 1808

*

An die Mutter

Falmouth, 22. Juni 1809

Liebe Mutter, – Mein Schiff geht in ein paar Tagen; wahrscheinlich noch bevor dieser Brief Dich erreicht. (…) Du wirst von mir aus den verschiedenen Häfen hören, die ich berühre; aber Du darfst nicht beunruhigt sein, wenn meine Briefe verlorengehen. Der Kontinent ist in einem hübschen Zustand – ein Aufruhr ist in Paris ausgebrochen und die Österreicher sind dabei, Bonaparte zu schlagen, – die Tiroler haben sich erhoben.

… Was die Finanzen betrifft, so bin ich ruiniert – zum mindesten so lange Rochdale nicht verkauft ist; und wenn das nicht zur Zufriedenheit ausfällt, werde ich in österreichische oder russische Dienste eintreten – oder vielleicht in die türkischen, denn ich mag ihre Manieren. Die ganze Welt liegt vor mir, und ich verlasse England ohne Bedauern und ohne den Wunsch etwas dort wiederzusehen, ausgenommen *Dich* und Deinen augenblicklichen Wohnort.

Ich bleibe Dein Dir aufrichtig ergebener …

*

An Florence

O Dame, als den Heimatstrand,
Den fernen dort, verlassen ich,
Kaum dacht ich, dass ein andres Land
Zu lassen je noch schwer für mich.

Auf öder Insel aber hier,
Wo die Natur matt sinken lässt
Ihr Haupt, doch du gelächelt mir,
Fühl scheidend ich mein Herz gepresst …

September 1809

Strophen, geschrieben im Golf von Ambrakien

Das Mondlicht spiegelt voll sich in
Dem Meer aus heitrem Himmelszelt,
Wo um Ägyptens Königin
Verloren ward die alte Welt.

Ich schau es vor mir klar und rein
Und manchen Römers Azur-Grab,
Wo um ein schmachtend Weib allein
Sich Ehrsucht ihres Throns begab.

Florence! teuer mir, wie Sang
Und Wort nur je es kundgetan
Seit Orpheus' Zauberlied, solang
Du jung und ich noch lieben kann:

Welche schöne Zeit, da Welten man
Um Damenaugen eingesetzt;
Und wären Verse Reiche, dann
Wär mancher dein Antonius jetzt.

Und habe zu verlieren ich
Auch keine Welt um dich, doch hält
Mein Herz so wert dich, dass ich dich
Verlieren möcht um keine Welt.

14. November 1809

*

An die Mutter

Gibraltar, 11. August 1809

(…) Da ich nunmehr Portugal und einen beträchtlichen Teil Spaniens durchquert habe und hier Muße finde, will ich versuchen, Dir einen kurzen Überblick über meine Reisen zu geben. (…)

Sevilla ist eine wunderbare Stadt; die Straßen sind zwar eng, aber sauber. Wir wohnten in dem Haus von zwei unverheirateten spanischen Damen, die *sechs* Häuser in Sevilla besitzen und mir ein merkwürdiges Beispiel spanischer Sitten gaben. Sie gehören den höheren Gesellschaftsschichten an, und die ältere ist eine schöne Frau, die jüngere ist hübsch, aber nicht so gut gebaut wie Donna Josepha. Die Freiheit der Sitten, die hier allgemein ist, versetzte mich in ziemliches Erstaunen;

und nach weiteren Beobachtungen fand ich, dass Zurückhaltung nicht zu den Eigentümlichkeiten der spanischen Schönen gehört, die zum größten Teil mit ihren schwarzen Augen und prachtvollen Gestalten sehr reizvoll sind. Die ältere beehrte Deinen *unwürdigen* Sohn mit ganz besonderer Aufmerksamkeit und umarmte ihn beim Abschied mit großer Zärtlichkeit (ich war nur drei Tage in ihrem Haus), nachdem sie eine Locke seines Haares abgeschnitten und ihm eine ihres eigenen Haars, etwa einen Meter lang, überreicht hatte. Ich schicke sie Dir und bitte Dich, sie bis zu meiner Rückkehr aufzubewahren. (…) Sie hatte mir angeboten, ihre Gemächer mit ihr zu teilen, was ich, *tugendhaft* wie ich bin, ablehnen musste (…).

Ich verließ Sevilla und ritt durch eine prachtvolle Gegend weiter nach Cádiz. (…) Cádiz, das süße Cádiz, ist die entzückendste Stadt, die ich je sah, in jeder Hinsicht von unseren englischen Städten sehr verschieden, ausgenommen die Reinlichkeit (und es ist so sauber wie London), aber noch immer wunderbar und voll der reizvollsten Frauen; die Schönen von Cádiz entsprechen unsern Zauberwesen von Lancashire. Gerade war ich soweit, bei den Granden eingeführt zu werden und sie nett zu finden, als ich gezwungen war, Sevilla mit diesem verwünschten Ort zu vertauschen; aber vor meiner Rückkehr nach England werde ich Sevilla noch einen Besuch abstatten. Am Abend vor meiner Abreise saß ich mit der Familie des Admirals Cordova in ihrer Opernloge; er ist der gleiche, der von Lord St. Vincent 1797 besiegt wurde, und er hat eine ältliche Frau und eine schöne Tochter, Señorita Cordova. Das Mädchen ist sehr hübsch, nach spanischer Art; der englischen nach meiner Ansicht keineswegs an Reizen unterlegen und sicherlich bezaubernder. Langes schwarzes Haar, dunkle schmachtende

Augen, *reiner* olivenfarbener Teint und Formen, die in der Bewegung graziöser sind, als es sich ein Engländer vorstellen kann, der an das schläfrige, gleichgültige Wesen seiner Frauen gewöhnt ist, und daneben die reizvollste und zugleich anständigste Kleidung der Welt machen eine spanische Schönheit unwiderstehlich.

Ich erlaube mir die Bemerkung, dass Liebschaften hier zum Hauptgeschäft des Lebens gehören; wenn sich eine Frau verheiratet, wirft sie jede Zurückhaltung beiseite. Vorher aber ist, wie ich glaube, ihr Betragen keusch genug. Wenn man einem spanischen Mädchen einen Antrag macht, der einem in England von der sanftesten Jungfrau eine Ohrfeige eintragen würde, so dankt sie einem für die ihr zugedachte Ehre und erwidert: »Warten Sie, bis ich verheiratet bin, dann werde ich mich nur zu sehr freuen.« Das entspricht genau und buchstäblich der Wahrheit.

Miss Cordova und ihr kleiner Bruder können etwas Französisch, und nachdem sie meine Unkenntnis des Spanischen bedauert hatte, machte sie mir den Vorschlag, meine Lehrerin dieser Sprache zu werden. Ich konnte nur mit einer tiefen Verbeugung antworten und meinem Bedauern Ausdruck geben, dass mein viel zu kurzer Aufenthalt in Cádiz mir nicht gestatte, die Fortschritte zu machen, die ich gewiss von dem Unterricht einer so reizenden Lehrerin erwarten könnte …

(…) Meine nächste Station ist Cagliari auf Sizilien, wo ich Seiner Majestät vorgestellt werden soll. Als Hofanzug habe ich eine überaus prächtige Uniform, die unentbehrlich auf Reisen ist …

*

Beim Scheiden

Den Kuss, mein Kind, von deinem Mund
Entreißt mir keine Zeit,
Eh ich ihn dir in bessrer Stund
Erstattet unentweiht.

Dein Scheideblick, so zärtlich traut,
Sieht Liebe nur bei mir;
Die Träne, die dein Aug betaut,
Bangt nicht, dass falsch ich dir.

Kein Pfand erbitt ich, meinem Schmerz
Zum Trost, wenn ich allein,
Kein Angedenken für mein Herz,
Das stets gedenket dein.

Soll schreiben ich? Der Kiel vermag
Die Mär zu schildern nicht;
Was soll das Wort, das viel zu schwach,
Wo nur das Herze spricht?

In Wohl und Weh, bei Tag und Nacht
Trägt schweigend es in sich,
Was doch sich nie und nimmer sagt,
Und seufzet still um dich.

März 1811

*

An die Mutter

Athen, 14. Januar 1811

Meine liebe Mutter, – (…) Wahrscheinlich steuere ich im Frühjahr heimwärts; aber dazu brauche ich Geldüberweisungen. Meine eigenen Mittel hätten sehr wohl ausgereicht; aber ich musste einem Freund beispringen, der mir das Geld, wie ich weiß, zurückzahlen wird. Doch in der Zwischenzeit ist meine Tasche leer. Zur Zeit möchte ich mich auf keine Winterfahrt einlassen, auch wenn ich aus andern Gründen reisemüde wäre; aber ich bin so sehr von den Vorteilen überzeugt, die man gewinnt, wenn man sich die Menschheit ansieht, statt über sie zu lesen, und andrerseits von den üblen Wirkungen des Zuhause Bleibens mit all den engen Vorurteilen eines Inselbewohners, dass ich der Ansicht bin, es sollte bei uns zum Gesetz erhoben werden, unsre jungen Leute für eine bestimmte Zeit ins Ausland zu schicken, zu den wenigen Verbündeten, die uns unsre Kriege gelassen haben.

Hier sehe und spreche ich Franzosen, Italiener, Deutsche, Dänen, Griechen, Türken, Amerikaner etc. etc. etc.; und ohne mein eigenes Land aus dem Gesicht zu verlieren, kann ich mir von anderen Ländern und Sitten ein Urteil bilden. Wo ich die Überlegenheit Englands erkenne (über die wir uns übrigens in vielen Dingen sehr täuschen), bin ich erfreut, und wo ich meine Heimat unterlegen finde, werde ich zum mindesten aufgeklärt. Nun, ich hätte ein ganzes Jahrhundert bleiben, mich in euren Städten räuchern und bei euch auf dem Land einnebeln lassen können, ohne das erkannt und etwas Nützlicheres oder Amüsanteres zu Haus erfahren zu haben. Ich führe kein Tagebuch und habe auch nicht die Absicht, etwas über meine Reisen hinzuschmieren. Mit der Schriftstellerei will ich nichts mehr zu schaffen haben, und wenn ich durch mein letztes Werk die Kritiker und die Welt überzeugt habe, dass ich etwas mehr sei als das, wofür sie mich hielten, dann bin ich zufrieden; auch will ich diesen Ruf durch keine künftige Anstrengung aufs Spiel setzen. Ich habe allerdings noch ein paar andere Arbeiten im Manuskript, aber ich überlasse sie denen, die nach mir kommen; auch wenn sie der Veröffentlichung wert befunden werden, mögen sie dazu dienen, mein Andenken zu verlängern, wenn ich selber an nichts mehr denken kann. Ein berühmter bayrischer Künstler macht für mich ein paar Ansichten von Athen etc. Das ist besser als Kritzelei, eine Krankheit, von der ich hoffentlich genesen bin. Nach meiner Rückkehr hoffe ich, ein stilles, zurückgezogenes Leben zu führen, aber Gott weiß und lenkt für uns alles zum Besten; so sagt man wenigstens, und ich kann nicht widersprechen, da ich im großen Ganzen keinen Grund habe, mich über mein Schicksal zu beklagen. Trotzdem bin ich der Meinung, dass die Menschen einander mehr Schaden zufügen, als es der Teufel je tun könnte. (…)

*

R. C. Dallas war ein entfernter Verwandter Byrons, der später auch als Herausgeber von Byrons Briefwechseln auftrat.

An R. C. Dallas

Fregatte Volage, auf See, 25. Juni 1811

Nach einer Abwesenheit von genau zwei Jahren kehre ich nach England zurück. Wie du weißt, habe ich den größten Teil dieser Zeit in der Türkei verbracht, ausgenommen zwei Monate in Portugal und Spanien, die damals zugänglich waren. (...)

Ich komme zurück mit geringen Aussichten auf Freuden in der Heimat und mit einem Körper, der durch ein paar heftige Fieberanfälle geschwächt ist, aber mit einem hoffentlich noch ungebrochenen Geist. Meine Geschäfte scheinen beträchtlich verworren zu sein, und ich werde mich sehr mit Anwälten, Grubenleuten, Farmern und Gläubigern herumschlagen müssen. Nun ist das eine ernste Sache für einen Mann, der Geschäftigkeit ebenso sehr hasst wie einen Bischof. Doch genug von meinen häuslichen Angelegenheiten ...

Meine Satire [»Englische Barden und schottische Rezensenten«] scheint in vierter Auflage herausgekommen zu sein, ein etwas mehr als mittelmäßiger Erfolg, doch nicht groß genug für eine Arbeit, die auf Grund ihres Gegenstandes zeitgebunden ist und natürlich gleich erfolgreich sein muss oder überhaupt nicht. Jetzt, da ich kühler denken und handeln kann, bedaure ich, sie geschrieben zu haben, obwohl ich wahrscheinlich finden werde, dass sie von allen vergessen ist außer von denen, die darin beleidigt wurden ...

Ich habe eine Nachahmung von Horazens Kunst der Poesie für Cawthorn [Byrons bisheriger Verleger] fertig, aber lass dich davon nicht abschrecken, denn ich werde Dich damit nicht belästigen. Du weißt, dass ich niemals Besuchern meine Reime vorlese …

Immer Dein aufrichtig ergebener Byron

Scrope Berdmore Davies – Trinker, Spieler und Lebemann – studierte wie Byron in Cambridge und zählte dort zu dessen engsten Freunden.

An Scrope Berdmore Davies

Newstead Abbey, 7. August 1811

Mein liebster Davies, – Ein Fluch hängt über mir und den Meinen. Meine Mutter liegt, eine Leiche, in diesem Haus. Einer meiner besten Freunde ist in einem Graben ertrunken. Was kann ich sagen, denken oder tun? Noch vorgestern erhielt ich einen Brief von ihm. Mein lieber Scrope, wenn Du einen Augenblick erübrigen kannst, komm zu mir hierher – ich brauche einen Freund. (…) Komm zu mir, Scrope, ich bin fast verzweifelt – fast allein in der Welt zurückgelassen – ich hatte nur Dich und H. und M. Lass mich die Überlebenden genießen, solange ich kann … Schreib oder komm, aber komm, wenn Du kannst, eines oder beides.

Immer Dein.

*

Childe Harolds Pilgerfahrt

Zweiter Gesang, letzte Strophe

Was ist des Alters allerschwerster Fluch?
Weshalb mit Furchen streift die Stirn sich?
Weil alle Liebsten ausgelöscht das Lebensbuch –
Allein auf Erden sein, allein wie ich!
Dem Züchtiger in Demut beug ich mich,
Der Herzen trennt und Hoffnungen entlaubt:
Flieht, eitle Tage! Herz, verhärte dich!
Die Zeit hat alle Freuden dir geraubt,
Und greisenhaftes Weh traf schon mein junges Haupt.

*

Gründe für einen Wandel

1/ Mit dreiundzwanzig ist das Beste im Leben vorbei und seine Bitterkeit verdoppelt.
2/ Ich habe die Menschheit in verschiedenen Ländern kennengelernt und finde sie überall gleich verachtenswert …
3/ Ich bin krank im Herzen. »Mich reizt fortan keine Frau, kein Knabe mehr, auch kein leichtgläubiges Hoffen auf Gegenliebe; ich mag auch nicht mehr um die Wette trinken« [Horaz, Ode IV,1].
4/ Ein Mann, der ein lahmes Bein hat, ist in einem Zustand körperlicher Minderwertigkeit, die mit den Jahren zunimmt …
5/ Ich werde selbstsüchtig und misanthropisch.
6/ Meine Angelegenheiten daheim sind ziemlich trübe.

7/ Ich habe alle meine Begierden und die meisten meiner Eitelkeiten überlebt, ja sogar die der Autorschaft.

1811

*

Die exzentrische Tochter von Lady Bessborough war seit sieben Jahren mit dem leichtlebigen William Lamb verheiratet, als sie Byron 1812 im »Melbourne House« kennenlernte. Lord und Lady Melbourne waren ihre Schwiegereltern. Byron erlag zunächst ihrer Faszination. Nicht wenig später setzte er sich jedoch gegen ihre »besitzergreifende Liebe« zur Wehr und versuchte, sie loszuwerden.

An Lady Caroline Lamb

August 1812?

Meine liebste Caroline, – Wenn die Tränen, die Du sahst und von denen Du weißt, dass ich sie nicht leicht vergieße, – wenn die Erregung, in der ich von Dir schied, – eine Erregung, die Du während der *ganzen* Dauer dieser *nervenzerrüttenden* Affäre gespürt haben musst, sich erst im Augenblick des nahen Abschieds Dir offenbarte, – wenn alles, was ich sagte und tat und immer noch nur zu gern bereit bin, zu sagen und zu tun, Dir nicht genügend bewiesen haben, was meine wahren Gefühle Dir gegenüber sind und immer bleiben müssen, meine Liebste, dann habe ich keine weiteren Beweise zu bieten. Gott weiß, ich wünsche Dein Glück, und wenn ich Dich verlasse oder vielmehr Du aus Pflichtgefühl Deinem Mann und Deiner Mutter gegenüber mich verlässt, dann sollst Du wissen, dass es wahr ist, was ich Dir erneut verspreche und gelobe: dass niemand in Wort oder Tat jemals den Platz in meinen Gefühlen einnehmen soll, der Dir geweiht ist und sein wird, bis ich nicht mehr bin. Ich kannte bis zu *diesem Augenblick* die *Tollheit* meiner teuersten und geliebtesten Freundin nicht. Ich kann mich nicht ausdrücken; jetzt ist nicht die Zeit für Worte, aber ich werde den Stolz, das melancholische Vergnügen am Leiden haben, von dem Du Dir kaum eine Vorstellung machen kannst; denn Du kennst mich nicht. Schweren Herzens gehe ich jetzt aus, da mein Erscheinen heute Abend alle absurden Geschichten, die das Ereignis des heutigen Tages [Caroline war kurz vor der beabsichtigten Reise mit ihrer Mutter nach Irland aus ihrem Haus geflohen und konnte nur mit Mühe aufgefunden und zurückgebracht werden] vielleicht hervorrufen könnte, zum Verstummen bringen wird. Glaubst Du *jetzt* noch, dass ich *kalt* und *streng* und *verschlagen* bin? Werden selbst *andere* so denken? … »Ich soll versprechen, Dich nicht zu lieben!« Ach, Caroline, dazu ist es zu spät. Aber ich werde alle Zugeständnisse dem wahren Motiv zuschreiben und niemals aufhören, all das zu fühlen, was Du bereits erfahren hast, und noch mehr, was nur meinem eigenen Herzen bekannt ist – vielleicht auch Deinem. Möge Gott Dich beschützen, Dir vergeben und Dich segnen.

Immer und mehr als je Dein Dir ganz verbundener Byron

P.S. – Diese Sticheleien, die Dich so weit getrieben haben, meine liebste Caroline, wäre es nicht wegen Deiner Mutter und der gütigen Herzen Deiner Verwandten, gäbe es dann etwas auf Erden oder im Himmel, was mich so glücklich gemacht hätte, als Dich schon seit langem zu der Meinen gemacht zu haben? Und nicht weniger *jetzt* als *damals*, aber mehr *jetzt* als je. Du weißt, ich würde mit Vergnügen für Dich alles Irdische und alles jenseits des Grabes aufgeben. Und wenn ich mich davon zurückhalte, dürfen deshalb meine Motive missverstanden werden? Es kümmert mich nicht, wer davon weiß, welchen Gebrauch man davon macht – *Dir* und *Dir* allein sind sie Dein (sic). Ich war und bin ganz und gar Dein, Dir zu gehorchen, Dich zu ehren, zu lieben – und mit Dir zu fliehen, Du selbst *kannst* und *sollst* bestimmen, wann, wohin und wie.

Lady Melbourne, die Byron als eine der »gescheitesten aller Frauen« bezeichnete, war seine Vertraute, zugleich Carolines Schwiegermutter und die Tante von Annabella Milbanke, Byrons späterer Ehefrau.

An Lady Melbourne

Cheltenham, 10. September 1812

Liebe Lady Melbourne, – Ich nehme an, Sie haben gehört und werden nicht böse sein, es nochmals zu *hören*, dass *sie* sicher in Irland abgesetzt wurden und die See zwischen Ihnen und einer Ihrer Plagen rollt; die andere ist, wie Sie sehen, noch immer ganz in Ihrer Nähe. Nun werden Sie (wenn Sie so aufrichtig sind, wie ich manchmal fast träume) nicht ungern hören, dass ich damit Schluss machen möchte, und sicher soll es von meiner Seite aus nicht wieder angeknüpft werden. Nicht, weil ich eine andre liebe, aber Liebe überhaupt liegt mir ganz und gar nicht. Ich bin es satt, ein Narr zu sein, und wenn ich auf die Zeitverschwendung und die Vereitlung aller Pläne im vergangenen Winter durch diese Liebschaft zurückblicke, bin ich – was ich längst hätte sein sollen. Freilich muss man aus alter Gewohnheit das Lieben so mechanisch betreiben wie das Schwimmen. Ich tat einst beides sehr gerne, aber jetzt, da ich nicht mehr schwimme, außer wenn ich ins Wasser falle, betreibe ich die Liebe erst, wenn man mich fast dazu zwingt, obwohl ich befürchte, *das* ist nicht der kürzeste Weg aus den unruhigen Wellen, gegen die wir in solchen Fällen zu kämpfen haben. Aber ich will nichts mehr über diesen Gegenstand sagen, da ich meiner Sache nicht sicher bin, und Sie können mich sicherlich eines Besseren belehren, wie Sie es bisher immer getan haben …

Werden Sie mich bei Gelegenheit mit einer Zeile beehren? Über die *gleichgültigsten* Dinge, wie es Ihnen beliebt.

Von ganzem Herzen immer Ihr B.

An Lady Melbourne

Cheltenham, 13. September 1812

(…) Ich schäme mich keineswegs wie Lord Delacour oder jener andere *Lord* und *Gebieter* beherrscht zu werden, im Gegenteil, ich bin immer nur zu glücklich, wenn ich jemand finde, der mich leitet oder missleitet, und ich bin so folgsam wie ein Dromedar und kann fast ebenso viel tragen. Wollen Sie sich meiner annehmen? Wenn Sie aufrichtig sind (woran ich immer noch ein wenig zweifle), dann lassen Sie mir nur Zeit und sie soll inzwischen in Irland bleiben – je »froher«, desto besser. Ich wünsche sie gerade so weit froh, wie ich es zu meiner eigenen Rechtfertigung brauche. Lassen Sie mich nur bis Dezember gewähren, und wenn ich bis dahin die Dulcinea und den Don Quixote, beide, nicht entzaubere, dann muss ich die Windmühlen attackieren und das Land auf der Suche nach Abenteuern verlassen. Inzwischen muss ich, was ich auch wirklich tue, ihr die absurdesten Dinge schreiben, um sie in »froher« Stimmung zu halten, und das ist umso nötiger, weil sie mir in ihrer letzten Epistel androhte, dass »acht Guineen, eine Postkutsche und ein Paketboot sie bald nach England bringen würden« (…).

*

Caroline Lamb wollte Byron in einem Anfall von Eifersucht in seiner Wohnung aufsuchen, traf ihn nicht an und schrieb auf die erste Seite eines auf dem Tisch liegenden Buches die Worte: »Remember me!« Darunter setzte Byron die folgenden beiden Strophen:

Gedenke dein, gedenke dein!
Bis deines Lebens eitler Schaum
Verbraust, soll Scham dein Erbe sein,
Dich hetzend wie ein Fiebertraum.

Gedenke dein! O sicherlich,
Dein Gatte wird's wie ich; denn wir
Vergessen nimmer, nimmer dich –
Dich, untreu ihm, ein Teufel mir.

*

Zur »tragikomischen Geschichte« von Byrons Beziehung zu Lady Frances Webster und ihrem Ehemann, Byrons Freund James Wedderburn-Webster, der den Dichter auf seinen Landsitz eingeladen hatte:

An Lady Melbourne

Aston Hall, Rotherham, 8. Oktober 1813

Meine liebe Lady M., – ich habe Bände zu schreiben, aber weder Zeit noch Raum. Ich habe mich bereits zu tief eingelassen, um jetzt noch zögern zu können. Außerdem werden Sie aus gewissen Gründen nicht ungern hören, dass ich ganz anders als früher bin. Wohlan denn, zunächst ein Wort über meinen Gastgeber. – In letzter Zeit hat er vor der Gesellschaft (in Abwesenheit der Frauen) *mit* mir gesprochen oder vielmehr mir Vorträge gehalten in einem Ton, den ich, da ich ihn selber nie anschlage, nicht sonderlich bei anderen schätze. Wie es scheint, sprach er darüber, was *er* ungestraft tun könne, aber an anderen nicht dulden würde, bis ich schließlich sagte, sein ganzes Argument enthalte den interessanten Widerspruch, dass »er lieben könne, wer ihm gefiele, aber dass kein anderer da lieben dürfe, wo er es für richtig gehalten habe«, eine Doktrin, die … ein »non sequitur« enthält, der ich mir für meine Person als einer allgemeinen Regel zu widersprechen erlaubte. Das führte fast zu einer Szene mit mir und einem anderen Gast, der meine Sophisterei mehr als die unseres Wirts zu bewundern schien; und da es nach dem Abendessen und Debattierzeit war, zu mehr als Weinvergießen geführt haben könnte, wenn der Teufel zu einem weisen, eigens von ihm erdachten Zweck es nicht für gut gehalten hätte, die gute Laune wiederherzustellen, die bis jetzt nicht weiter gestört worden ist.

In diesen letzten Tagen hatte ich viele Gespräche mit einer liebenswürdigen Person, die wir (…) Ph. nennen wollen … Nehmen Sie also ein für alle Mal zu Notiz, dass ich meine Liebe erklärt habe, und wenn ich bloßen *Worten* glauben darf (denn dabei sind wir bisher stehengeblieben), wird sie erwidert. Dennoch muss ich Ihnen den Ort der Erklärung verraten; es war das Billardzimmer. (…) Wir standen vorher schon auf sehr freundlichem Fuß, und ich erinnere mich, dass mir die seltsame Frage gestellt wurde, »wie eine Frau, die einen Mann liebe, es ihm mitteilen könne, wenn er nichts davon merke«. Ferner entging mir nicht, dass wir mit unserm Spiel (dem Billardspiel) fortfuhren, *ohne die Punkte zu zählen*; und ich nahm an, dass die Gedanken meiner Partnerin, wie sicherlich auch meine, nicht bei unserer vorgeblichen Beschäftigung waren. Nicht ganz, aber doch recht zufrieden mit meinen Fortschritten, griff ich zu einer sehr unvorsichtigen Maßnahme mit Feder und Papier, in zärtlichen und wohl gedrechselten *Prosa*sätzen (keine Poesie im Ernstfall). Gewiss war das mit Risiken verbunden: zunächst, wie die Botschaft übermitteln, und dann, wie würde sie aufgenommen werden? Sie wurde aber aufgenommen und nicht sehr weit von dem Herzen versteckt, das ich zu erreichen wünschte. Wer, denken Sie, betrat im gleichen Moment das Zimmer? Eben die Person, die in diesem Augenblick im Roten Meer hätte sein sollen, wenn Satan nur etwas Lebensart hätte. Aber *sie* bewahrte ihre Haltung und den Zettel, und ich meine Fassung, so gut ich konnte. Es war ein Risiko, und *alles* wäre bei einem Versagen verloren gewesen. Aber bedenken Sie, wie viel mehr ich durch die Annahme zu gewinnen hatte und wie viel man immer wagt, um etwas Erstrebenswertes zu erringen. Ich hatte Glück mit meinem Billett, mehr noch (in diesem Augenblick werde ich durch den *Marito* unterbrochen und schreibe unter seiner Nase weiter, er hat mir einen politischen Aufsatz im Manuskript gebracht, das ich entziffern und belobigen soll, ich werde mich mit Letzterem begnügen; oh, er ist wieder gegangen), mein Billett trug mir eine Antwort ein, noch dazu eine sehr unmissverständliche, aber etwas zu viel über Tugend und ein Schwelgen in einer Art von ätherischen Beziehungen, bei denen die Seele die Hauptrolle spielt, was ich nicht recht verstehe, da ich ein schlechter Metaphysiker bin. Aber mit Platonismus endet und beginnt man im allgemeinen, und da meine Proselytin erst zwanzig ist, bleibt Zeit genug für eine Verstofflichung. Trotzdem hoffe ich, dass dieses geistige System nicht lange vorhält, und auf alle Fälle muss ich den Versuch unternehmen. Ich erinnere mich, bei meinem letzten Fall war es gerade umgekehrt, wie es Major O'Flaherty empfiehlt, »wir kämpften zuerst und erklärten uns später«. (…)

Ich brauche nicht zu sagen, dass die Torheit und die schlechte Laune (Websters) zu all dem geführt haben. Wenn ein Mann an einer hübschen Frau nicht genug hat und nicht nur hinter jedem kleinen Landmädchen, dem er begegnet, her ist, sondern auch noch damit prahlt, dann darf er nicht überrascht sein, wenn andere etwas bewundern, was er nicht zu schätzen weiß. Außerdem hat er mich buchstäblich dazu provoziert durch seine Art, die etwas von einer Einschüchterung an sich hatte, *indirekt* natürlich, aber ziemlich klar: »er *würde* das tun, er würde jenes tun«, »wenn jemand« etc. etc., und *er* glaube trotzdem, dass jedes »Weib« *seine* rechtmäßige Beute sei. Alle Wetter! (…) Wäre er vernünftig gewesen und hätte er nicht über seine Abenteuer geschwatzt, hätte ich mich sehr ordentlich benommen, wie es in Middleton der Fall war. Selbst jetzt werde ich nicht mit ihm streiten, wenn es irgend möglich ist; aber ein paar seiner Reden haben meine Galle erregt und die Milch der Freundlichkeit zum Gerinnen gebracht. Auf die Probe gestellt, werde ich mich, nehme ich an, wie andere Leute benehmen …

Guten Abend, ich gehe jetzt *Billard* spielen.

Immer Ihr B.

PS. 6 Uhr. – Diese Geschichte wird ernst, und mir scheint, der *Platonismus* ist in einiger Gefahr. Es ist ums Haar zu einer Szene gekommen, fast zu einem *hysterischen* Anfall, wirklich ohne Grund, denn ich habe mich mit einem (für mich) sehr lästigen Anstand benommen. Ihre Ausdrücke erstaunen mich bei einer so jungen und bisher anscheinend so kalten Frau. Aber diese Beteuerungen müssen wie üblich enden, und sie hätten es, glaube ich, schon jetzt getan, hätte es *nicht* an »l'occasion« gefehlt. Wäre jemand während der *Tränen* und der darauf folgenden Tröstung hereingekommen, wäre alles verloren gewesen. Wir müssen vorsichtiger und weniger tränenreich sein.

*

In ihrer Schönheit wandelt sie …

In ihrer Schönheit wandelt sie
Wie wolkenlose Sternennacht;
Vermählt auf ihrem Antlitz sieh'
Des Dunkels Reiz, des Lichtes Pracht:
Der Dämmerung zarte Harmonie,
Die hinstirbt, wann der Tag erwacht.

Ein Schatten mehr, Licht minder klar,
So wär' die tiefe Anmut nicht,
Die niederwallt im Rabenhaar
Und sanft verklärt ihr Angesicht,
Aus welchem hold und wunderbar
Die reine liebe Seele spricht.

O diese Wang', o diese Brau'n,
Wie sanft und still und doch beredt,
Was wir in ihrem Lächeln schau'n!
Ein frommes Wirken früh und spät;
Ein Herz voll Frieden und Vertraun,
Und Lieb', unschuldig, wie Gebet.

1815

III
LONDONER TAGEBUCH

1813–1814

Als wühlten in der Seele schwarzer Nacht
Gefühle, furchtbar, doch nur halb erwacht.

Einer von mehreren Ansätzen Byrons, ein Tagebuch zu führen – in diesem Fall vom 14. November 1813 bis zum 19. April 1814, eine Zeit, in der Byrons Leben unter einer Spannung stand, die er als »Fieber des Geistes« bezeichnete.

14. November 1813

Hätte ich es vor zehn Jahren begonnen und ordentlich geführt!!! – ach je! es gibt zu viele Dinge, an die ich ohnehin nicht erinnert zu werden wünsche. Nun, – ich hatte meinen Teil an den Dingen, die man die Freuden des Lebens nennt, und ich habe mehr von der europäischen und asiatischen Welt gesehen, als ich zu meinem Nutzen verwenden konnte. Man sagt, »Tugend hat ihren Lohn in sich selber«, – und gewiss sollte man für die Mühe, die man sich mit ihr macht, gut bezahlt werden. Mit fünfundzwanzig, wenn der bessere Teil des Lebens vorüber ist, sollte man *etwas* sein; – und was bin ich? nichts als fünfundzwanzig – und ein paar Monate. (…) Ich wollte, man wäre – ich weiß nicht, was ich wünsche. Es ist seltsam, aber ich habe mich noch nie ernsthaft mit Wünschen abgegeben, ohne sie erfüllt zu sehen – und zu bereuen …

Schluss mit dem Nachdenken. – Lass mich sehen – gestern Nacht habe ich *Zuleika*, meine zweite türkische Geschichte, beendet. Ich glaube, die Arbeit daran hielt mich am Leben – denn sie wurde geschrieben, um meine Gedanken abzulenken von der Erinnerung an –

»Teurer heiliger Name, bleib immer geheim.«

Selbst hier würde meine Hand zittern, ihn niederzuschreiben. Heute Nachmittag habe ich die Szenen meiner angefangenen Komödie verbrannt. Ich möchte eine Romanze oder vielmehr eine Geschichte in Prosa von mir geben; – aber welche Romanze käme der Wirklichkeit gleich …

Ich habe abgelehnt, die Petition in Sachen der Schuldner vorzubringen. Ich habe das parlamentarische Komödienspielen satt. Ich habe dreimal gesprochen; aber ich zweifle, ob ich je ein Redner werde. Meine erste Rede gefiel; die zweite und dritte – ich weiß nicht, ob sie Erfolg hatten oder nicht. Ich habe mich noch nie *con amore* damit abgegeben; – man muss vor sich selbst eine Entschuldigung für Trägheit oder Unfähigkeit oder für beides haben, und das ist meine Entschuldigung. »Gesellschaft, schlechte Gesellschaft, war mein Verderben«; – und dann habe ich »Medizin getrunken«, nicht um andre lieben zu können, aber wahrlich genug, um mich zu hassen …

17. November 1813
Ich wollte, ich könnte mich wieder ans Lesen gewöhnen – mein Leben ist einförmig und doch unstet. Ich nehme Bücher in die Hand und werfe sie wieder weg. Ich habe eine Komödie begonnen und sie verbrannt, weil die Szene der Wirklichkeit nahezukommen begann; – einen Roman aus dem gleichen Grund. Wenn ich reime, kann ich mich ferner von den Tatsachen halten; aber immer schlägt der Gedanke durch, durch (an Augusta) … ja, ja, er schlägt durch. Ich habe einen Brief von Lady Melbourne erhalten, – dem besten Freund, den ich in meinem Leben hatte, und der gescheitesten aller Frauen …

Mr. Murray hat mir eintausend Guineen für den *Giaour* und die *Braut von Abydos* angeboten. Ich will sie nicht haben – es ist zu viel, obwohl ich sehr in Versuchung geführt werde, nur um darüber *reden* zu können. Kein schlechter Preis für eine vierzehntägige (eine Woche für jedes) – ja was denn? – die Götter wissen – es sollte so etwas sein, was man Poesie nennt.

Ich habe heute zum ersten Mal seit letzten Sonntag richtig zu Abend gegessen – da heute auch Sabbat ist. Sonst nur Tee und trockene Biskuits – sechs *per diem*. Ich wollte bei Gott, ich hätte vorhin nichts gegessen! – Es bringt mich um mit Schläfrigkeit, Lähmung und grässlichen Träumen; dabei war es nur ein Schoppen Bucellas und etwas Fisch. Fleisch rühre ich nie an – auch nicht viel Gemüse. Ich wollte, ich wäre auf dem Land, um mir Bewegung verschaffen zu können, – statt gezwungen zu sein, mich durch Enthaltsamkeit *abzukühlen*. Gegen eine kleine Gewichtszunahme hätte ich nicht viel – meine Knochen können ganz gut noch etwas Fleisch vertragen. Aber das Schlimmste ist, dass damit immer der Teufel kam, – bis ich ihn aushungerte, – ich will *nicht* der Sklave *irgend eines* Appetits sein. Wenn ich auf Abwege gerate, so soll es zum mindesten mein Herz sein, das mich führt. O mein Kopf – wie weh er mir tut? – die Schrecken der Verdauung! Ich möchte wissen, wie Buonaparte sein Essen verträgt. (…)

Dienstagmorgen

… Wenn ich in diesem Land irgendwelche Absichten hätte, würden sie sich wahrscheinlich auf das Parlament beziehen. Aber ich habe keinen Ehrgeiz – wenn doch, müsste es *aut Caesar aut nihil* sein. Meine Hoffnungen beschränken sich auf die Erledigung meiner Angelegenheiten und darauf, mich entweder in Italien oder im Orient (dort am liebsten) niederzulassen und mich tief in die Sprachen und die Literatur beider Länder zu versenken. Die vergangenen Geschehnisse haben mir jede Energie genommen; und ich kann mein Leben jetzt nur noch zu einem Zeitvertreib machen und zusehen, während andere spielen. *Vide* Napoleons letzte zwölf Monate. Sie haben mein fatalistisches System völlig über den Haufen geworfen. Ich hatte geglaubt, er würde als Besiegter stürzen, wenn *fractus illabitur orbis*, und nicht allmählich zur Unbedeutendheit herabsinken; und all das würde nicht ein bloßes *jeu* der Götter, sondern ein Vorspiel zu größerem Wechsel und gewaltigeren

Begebenheiten sein. Aber über einen gewissen Punkt kommen die Menschen nicht hinaus; und so gehen wir jetzt wieder zurück zu dem stumpfsinnigen alten System – dem Gleichgewicht Europas – wo man Könige auf ihren Nasen Strohhalme balancieren lässt, statt sie ihnen abzureißen. (…) Ich werde nie etwas sein, vielmehr ich werde immer nichts sein. Das Beste, was ich hoffen kann, ist, dass man sagt, »er könnte vielleicht, wenn er wollte«.

Montag, 6. Dezember 1813
… Dieses Tagebuch ist ein Trost; wenn ich müde bin, was meist der Fall ist, ziehe ich es heraus und hinein geht alles. Aber ich kann es nicht wieder durchlesen, und Gott weiß, welche Widersprüche es enthalten mag. Wenn ich ehrlich mit mir selbst bin (aber ich fürchte, man belügt sich selber mehr als alle anderen), müsste jede Seite die frühere widerlegen, Lügen strafen und ganz und gar abschwören …

Dienstag, 7. Dezember 1813
Ging zu Bett und schlief traumlos, aber ohne Erquickung, erwachte und war eine Stunde auf, bevor man mich weckte. Aber ich vertrödelte drei Stunden mit Ankleiden. Zieht man vom Leben die Kindheit ab (die nur ein Vegetieren ist), schlafen, essen und saufen – zuknöpfen und aufknöpfen – was bleibt dann noch für ein wirkliches Leben? Der Sommer einer Feldmaus …

Sonntag, 27. Februar 1813
(…) Die Gegenwart einer Frau hat für mich etwas sehr Besänftigendes – einen seltsamen Einfluss, auch wenn man nicht in sie verliebt ist – den ich mir überhaupt nicht erklären kann, da

ich keine sehr hohe Meinung von dem anderen Geschlecht habe. Trotzdem – ich fühle mich immer mir selber und allen übrigen Dingen gegenüber besser aufgelegt, wenn eine Frau in der Nähe ist. (…)

Donnerstag, 17. März 1814
(…) Warum zum Teufel habe ich mich mit der Kritzelei abgegeben? Zu dieser Frage ist es zu spät, und alles Bedauern ist sinnlos. Aber sollte es wieder geschehen, – würde ich wieder schreiben, nehme ich an. So ist die Natur des Menschen beschaffen, zum mindesten mein Teil an ihr; – ich werde freilich eine bessere Meinung von mir haben, wenn ich klug genug sein könnte, damit aufzuhören. Wenn ich eine Frau habe und diese Frau hat einen Sohn – gleichgültig von wem –, werde ich meinen Erben auf die unpoetischste Art erziehen – einen Anwalt oder einen Piraten oder – sonst was aus ihm machen. Aber wenn auch er schreiben sollte, werde ich die Gewissheit haben, er gehört nicht zu den Meinen, und ihn bis auf ein kleines Bankkonto enterben. Muss einen Brief schreiben – 3 Uhr.

Samstag, 9. April 1814
Diesen Tag streiche ich mir an!

Napoleon Buonaparte hat dem Thron der Welt entsagt. »Ganz vortrefflich.« (…) Wie! abzuwarten, bis sie in seiner Hauptstadt waren, und dann von seiner Bereitschaft zu reden, aufzugeben, was schon verloren war!! … Tod und Teufel! – (…) Sich auf die »Insel Elba« zurückzuziehen! – Wäre es Capri gewesen, hätte ich mich weniger gewundert. »Ich sehe, des Menschen Geist ist nur ein Teil seines Schicksals.« Ich bin völlig verwirrt und verstört. (…)

19. April 1814

(…) Ich will kein Tagebuch mit dem gleichen Fackellicht von gestern führen; und um nicht mehr wie ein Hund zu dem erbrochenen Haufen der Erinnerung zurückkehren zu müssen, reiße ich die übrigen Seiten dieses Bandes heraus und schreibe als *Brechmittel* hin: »Die Bourbonen sind wieder da!!!« – »Hängt die Philosophie an den Nagel.« Ich habe freilich mich selbst und die Menschen seit langem verachtet, aber ich habe nie zuvor in das Gesicht meiner Rasse gespuckt – »oh Narr! Ich werde noch verrückt«.

IV
AUGUSTA UND ANNABELLA

Schwester und Ehefrau

Und die Liebe, die oft ich im Herzen
Getrƒumt, fand ich einzig bei dir.

1813 traf Byron in London seine fünf Jahre ältere Halbschwester Augusta wieder, die Tochter seines Vaters aus dessen erster Ehe, mit der er seit ihrem Kennenlernen 1802 in engem Briefkontakt stand. Augusta war seine wohl größte Liebe und »tiefste Leidenschaft«. Lady Melbourne, Byrons Vertraute, warnte ihn vor den gesellschaftlichen Konsequenzen, sollte sein Verhältnis zu Augusta publik werden, und riet ihm, so rasch wie möglich zu heiraten: ihre hochbegabte Nichte Annabella Milbanke, die den Dichter liebte und verehrte und ihn wie einen »gefallenen Engel« erlösen wollte.

Die Ehe mit Annabella dauerte nur etwas über ein Jahr und war unglücklich bis zum Exzess. Byrons extreme Wutausbrüche gegen seine Frau, deren Charakter so wenig zu seinem passte, führten trotz seiner Verzweiflung und Reue dazu, dass Lady Byron im Januar 1816 mit der fünf Wochen alten gemeinsamen Tochter Ada das Haus verließ. Nachdem sie Näheres über Byrons inzestuöse Beziehung zu seiner Halbschwester Augusta erfahren hatte, ließ sie durch ihren Vater einen Antrag auf gerichtliche Trennung der Ehe stellen.

An Augusta

Harrow-on-the-Hill, 25. Oktober 1804

Meine liebe Augusta, – sowohl um Deine Wünsche zu erfüllen wie um Dir meine Dankbarkeit für Deinen liebevollen Brief zu beweisen, mache ich mich so schnell wie möglich daran, ihn zu beantworten. Ich höre gerne, dass überhaupt jemand gut über mich spricht; aber von der von Dir erwähnten Seite dürfte es übertrieben sein. Dass Du unglücklich bist, meine liebe Schwester, macht auch mich unglücklich; läge es in meiner Macht, Deine Leiden zu lindern, würdest Du bald Deine gute Laube wiederfinden; wie die Dinge liegen, fühle ich mit Dir mehr als Du denkst. Aber schließlich und endlich (verzeih mir, meine liebe Schwester) habe ich etwas Lust, über Dich zu lachen; denn nach meiner bescheidenen Ansicht ist Liebe nichts als purer Unsinn, nichts als ein Kauderwelsch aus Schmeicheleien, romantischer Übertreibung und Betrug. Hätte ich meinerseits fünfzig Geliebte, so würde ich sie alle im Lauf von vierzehn Tagen vergessen, und wenn ich aus irgendeinem Grund an eine dächte, würde ich darüber lachen wie über einen Traum und meine Sterne segnen, weil sie mich aus den Händen des kleinen, boshaften, blinden Gottes befreiten …

Adieu, meine hübsche Schwester, vergib mir meine Leichtfertigkeit, schreibe bald und Gott sei mit Dir.

Ich bleibe Dein Dich sehr liebender Bruder Byron

An Augusta

Newstead Abbey, Notts., 30. November 1808

Meine liebste Augusta, – Ich schicke Dir meinen besten Dank dafür, dass Du mich zu einem Onkel gemacht hast, und will Dir diesmal das Geschlecht verzeihen; aber das nächste Mal muss es ein Neffe sein. (…)

Ich bin ein sehr unglücklicher Bursche. Denn ich glaube, von Natur aus war mein Herz nicht schlecht; aber es wurde so zerdrückt und verbogen, so viel wurde auf ihm herumgetrampelt, dass es jetzt so hart geworden ist wie der Stiefelabsatz eines Hochländers. (…)

An Lady Melbourne

30. April 1814

Meine liebe Lady M., – *Sie* – oder vielmehr ich – haben meiner A. [Augusta] großes Unrecht getan. Mit dem Ausdruck, den Sie anstößig fanden, meinte ich »liebevoll« nur in dem *sinnlosen* Sinn dieses vielumfassenden Wortes, und schuld daran muss eine meiner dummen, selbstsüchtigen Launen sein, in der ich meine eigene Geschichte erzählte; aber wirklich und wahrhaftig, da ich Gnade und Glück für sie erhoffe – bei dem Gott, der mich zu meinem eigenen Unglück und nicht sehr zum Besten anderer erschuf, *ihr* war kein Vorwurf zu machen, mit mir verglichen nicht ein Tausendstel. Sie war sich ihrer eigenen Gefahr nicht bewusst, bis es zu spät war, und ich kann mir ihren späteren »*abandon*« nur durch eine Beobachtung erklären, die ich nicht für falsch halte, durch die Beobachtung nämlich, dass Frauen viel anhänglicher sind als die Männer, wenn sie mit so etwas wie Freundlichkeit oder Zärtlichkeit behandelt werden.

Was *Ihre* A. [Annabella] betrifft, so weiß ich nicht, was ich von ihr halten soll. (...)

Was meine A. anbetrifft, so sind meine Gefühle zu ihr eine Mischung aus Gutem und Teuflischem. Ich kenne kaum eine Leidenschaft, die nicht irgendwie mit beidem zu tun hat. (...)

Vielleicht hat sich Ihre Nichte engagiert, aber es kann keine Folgen haben; wenn ich dieser Geschichte nachginge und Erfolg hätte, muss ich natürlich alle anderen Abenteuer aufgeben. Tatsache ist, dass meine Frau, wenn sie gesunden Menschenverstand besäße, mehr Macht über mich hätte als jede andere; denn mein Herz lässt sich wie ein Vogel immer auf der nächsten Stange nieder – wird sie weggezogen, dann fliegt es Gott weiß wohin – irgendetwas muss man ja lieben.

Immer Ihr B.

Byron hatte Annabella einen zweiten Heiratsantrag gemacht, den sie, nachdem sie den ersten abgelehnt hatte, annahm.

An Miss Anne Isabella Milbanke

18. September 1814

Ihr Brief hat mir neues Leben geschenkt – er kam unerwartet – um nicht zu sagen willkommen – aber *das* ist ein armseliges Wort, um meine augenblicklichen Gefühle auszudrücken … Ich habe in Ihnen immer eines der vorzüglichsten Wesen gesehen – nicht nur aus eigener, auch aus der Beobachtung anderer – als ein Geschöpf, das man schwerlich nicht lieben – wie andererseits kaum verdienen konnte; – ich kenne Ihren Wert – und verehre Ihre Tugenden, wie ich dieselben liebe, und wenn jeder in meinen Kräften stehende Beweis meines ganzen Gefühls für das, was Ihnen gebührt, zu Ihrem Glück beitragen kann – habe ich mein eigenes sichergestellt. – Es liegt in Ihrer Hand, mich glücklich zu machen – Sie haben es bereits getan – ich möchte Ihren Brief sofort beantworten – aber ich bin zur Zeit kaum gefasst genug, es ruhigen Blutes zu tun, – ich war im Begriff, England zu verlassen, ohne Hoffnung, ohne Furcht – fast ohne Empfindung – aber ich wollte noch einen Versuch machen, um herauszufinden – nicht ob ich auf Ihre derzeitigen Gefühle Anspruch erheben könnte – denn ich hatte jeden Gedanken daran ganz aufgegeben – aber ob nicht die Zeit – und meine aufrichtigsten Bemühungen, ein Leben zu führen, das Sie veranlassen könnte, gut von mir zu denken (…) von dem Augenblick meiner Bekanntschaft mit Ihnen hat meine Neigung zugenommen, und gerade durch die Torheiten – geben

Sie ihnen einen härteren Namen –, die mich packten und verwirrten, durch das Benehmen, zu dem ich meine Zuflucht nahm, um zu vergessen, wurde die Erinnerung nur noch lebhafter und bitterer durch die Vergleiche, die sich mir aufzwangen, trotz meines Stolzes – und der Leidenschaften – die mich vernichtet, aber nie getäuscht haben könnten.

Ich gehe in Geschäften nach London. Sind sie erledigt – so hoffe ich auf die Erlaubnis, Seaham besuchen zu dürfen. Ihrem Vater werde ich gleich Antwort geben und inzwischen bitte ich Sie, ihm und Lady Milbanke meinen schönsten Dank und beste Empfehlungen zu bestellen. Wollen Sie mir schreiben? und erlauben Sie mir, Ihnen zu versichern, wie treu ich immer sein werde.

Ihr ergebenster geneigtester Diener

An Lady Byron

8. Februar 1816

Alles, was ich sagen kann, scheint zwecklos – und alles, was ich sagen könnte, dürfte nicht weniger umsonst sein – und doch klammere ich mich an das Wrack meiner Hoffnungen, bevor sie mir für immer untergehen. Warst Du denn nie glücklich mit mir? Hast Du Dich nie, zu keiner Zeit, in diesem Sinn ausgedrückt? Haben wir nicht Liebesbeweise der wärmsten und wechselseitigsten Zuneigung getauscht? (...) Verstehe mich nicht falsch: ich habe meinen Gemütszustand nicht in Abrede gestellt – aber Du kennst die Ursachen – und folgten auf jene

Anfälle, in denen mich die Ruhe verließ, nie Eingeständnisse und Reue? War das nicht bei dem letzten Ausbruch ganz besonders der Fall? Und hatte ich nicht – hatten wir nicht an den vorhergegangenen Tagen und an dem Tag der Trennung – allen Grund anzunehmen, dass wir einander liebten? dass wir uns wiedersehen würden? (…) Hatte ich Dir nicht alle meine Fehler und Torheiten eingestanden – und Dir versichert, dass einige nicht mehr begangen worden waren und nicht mehr begangen werden könnten? (…)

An Lady Byron

15. Februar 1816

(…) Ich habe Dich zur Rückkehr eingeladen; sie wurde verweigert. Ich habe gebeten, mich wissen zu lassen, wessen man mich beschuldigt; es wurde verweigert. Ist das Gnade oder Gerechtigkeit? Wir werden sehen. Und jetzt, Bell, liebste Bell, wie auch dieses unglückselige Zerwürfnis ausgehen mag (…), ich kann nur in der Wahrheit des Kummers und ohne Hoffnung, ohne Beweggrund und Absicht aufs neue sagen, was ich vor kurzem, aber vergeblich wiederholt habe, dass ich Dich liebe, böse oder gut, wahnsinnig oder vernünftig, elend oder zufrieden. Ich liebe Dich und werde Dich lieben, solange mir noch Erinnerung und Leben bleiben. Wenn ich unter allen nur möglichen erschwerenden und erbitternden Umständen, die das Herz zernagen und das Hirn entzünden können, jetzt für Dich so fühlen kann, so magst Du vielleicht eines Tages wissen oder mindestens glauben, dass ich nicht ganz so war, wie Du Dir eingeredet hast; aber dass nichts mich weiter berühren kann. Ich habe bisher vermieden, den Namen meines Kindes zu nennen, aber das ist ein Gefühl, das Du nie an mir in Zweifel gezogen hast. Ich muss fragen, wie es ihm geht. Ich habe von seiner Schönheit und Munterkeit gehört, und ich wünsche nicht von Dir, sondern auf einem anderen Weg – über Augusta, wenn ich bitten darf – gelegentlich etwas von seinem Wohlbefinden zu hören.

Ich bin Dein etc. B.

*

Lebe wohl

Lebe wohl, und wär's für immer,
Selbst für immer lebe wohl!
Ob auch unversöhnlich: nimmer
Doch mein Herz dir grollen soll.

Läge dir die Brust erschlossen,
Wo dein Haupt so oft geruht,
Während Schlaf dich sanft umflossen,
Wie er wohl es immer tut –

Ja, und könntest du dort lesen
Jede Regung, würdst du sehn,
Dass es nimmer recht gewesen,
Sie so schnöde zu verschmähn.

Mag die Welt hierum dich preisen,
Deren Beifall dich beschützt,
Kränkung muss ein Lob dir heißen,
Das auf fremdes Leid gestützt.

Trübt auch manch ein Fehl mein Leben,
Fand kein andrer Arm sich, sprich,
Zu dem Streich, als der soeben
Noch so hold umschlungen mich?

Täusche ja dich nicht: versiegen
Kann die Liebe nach und nach;
Aber brechen nicht erliegen
Kann das Herz auf einen Schlag.

Lebt das deine nicht? Das meine
Schlägt noch, blut es noch so sehr;
Gramvoll fragt es stets alleine:
Soll es nie dich sehen mehr?

Leben ist ein tiefres Leiden
Als das Weh an teurer Gruft,
Wenn doch nur zum Ewigmeiden
Jeder neue Tag uns ruft.

Wenn die Trost einst wird bescheren
Unsres Kindes Stammellaut,
Wirst du's »Vater« sprechen lehren,
Dem es nimmer anvertraut?

Wenn von seinem Arm umschlossen
Fest sein Mund am deinen hängt,
Denke dessen, der verstoßen
Stets dich segnend dein gedenkt.

Und wenn seine Züge gleichen
Denen, die verloren dir,
bebt dein Herz gewiss in weichen
Schlägen, treu noch immer mir.

Meine Fehler hast gekannt du,
Niemand kennt mein Leiden jetzt;
Dir nur folgt, wohin gewandt du,
All mein Hoffen bis zuletzt.

Jed Gefühl gelohnt mit Hassen,
beugt mein Stolz, den nichts gebeugt,
Dir sich noch; von dir verlassen
Ist mein Frieden all verscheucht.

Aber jedes Wort ist müßig,
Eitler noch, kommt es von mir;
Der Gedanke nur, der nie sich
Bieget, bricht sich Bahn zu dir.

Lebe wohl denn! so geschieden,
Jedes Band zerrissen, ach!
Herzsiech, einsam, ohne Frieden,
Kann ich mehr noch sterben, sag?

März 1816

Stanzen an Augusta

Will der Tag meines Glückes auch schwinden
Und der Stern meiner Hoffnung verglühn,
Verschmäht dein sanft Herz doch, zu finden
Die Fehler, deren andre mich ziehn;
Und kannt es auch all meine Schmerzen,
Nie erschrak's, sie zu teilen mit mir,
Und die Liebe, die oft ich im Herzen
Geträumt, fand ich einzig bei dir.

Drum wenn die Natur mich umschmeichelt,
Ihr Lächeln so hold zu mir spricht,
Dann glaub ich nicht, dass es erheuchelt,
Sonst glich es dem deinen ja nicht;
Wenn die Winde im Streit mit den Wellen,
Wie manch Herz, das mir treu schien, mit mir,
Dann fühl ich doch einzig ihr Schwellen,
Weil fort sie mich reißen von dir.

Ob der Fels meiner Hoffnung im Schwalle
Der Fluten auch sinke zerschellt,
Ob mein Herz auch dem Elend verfalle,
Sein Sklave wird's nie in der Welt;
Ist auch Qual nur mein Los: keinen Feigen
Doch trifft sie, und könnte sie mich
Auch zermalmen: sie kann mich nicht beugen;
Nie denk ich an sie – nur an dich.

Ob auch Freund mir, mich nie hintergingst du,
Ob ein Weib auch, treu warst du allzeit;
Ob verleumdet: doch fest an mir hingst du,
Ob geliebt auch: nie schufst du mir Leid.
Dir vertraut ich, doch nie mich verrietst du;
Du warst wachsam, doch nicht, zu erspähn
Meine Schwächen – und endlich zwar schiedst du,
Aber nicht, um mich einsam zu sehn.

Doch die Welt nimmer schelt und veracht ich,
Noch die vielen, mit einem im Streit;
Da zu schätzen sie recht, nicht gemacht ich,
War es Torheit, zu fliehn nicht bei Zeit.
Hab auch teuer bezahlt diesen Wahn ich
Und teurer, als je ich geglaubt,
Fand ich doch, dass, was immer daran ich
Gesetzt, nichts mich deiner beraubt.

Aus dem Wrack der Vergangenheit rettet
Ich so viel, dass jetzt ich belehrt,
Dass, woran sich am meisten gekettet
Mein Herz, dies am meisten mir wert.
Ein Quell selbst im Wüstensand springet,
Eine Blume im ödsten Revier,
In der Wildnis ein Vöglein noch singet,
Und sie sprechen mir einzig von dir.

Diodati, 24. Juni 1816

*

Lord Byrons letzter Brief an Lady B. beim Verlassen Englands 1816. Byron sollte nicht mehr zurückkehren.

An Lady Byron

[April 1816]

Noch einige letzte Worte – nicht viele – und solche, auf die Du hören wirst. Eine Antwort erwarte ich nicht, sie ist auch ohne Belang. (…) Ich habe mich soeben von Augusta getrennt. Fast das letzte Wesen, das Du mir zu einer Trennung gelassen hast.

Wohin ich auch gehe – und ich gehe weit fort – Du und ich können uns nie mehr in dieser Welt begegnen, auch nicht in der nächsten. Lass das eine Genugtuung oder eine Sühne sein. (…)

*

Finsternis

Ich hatte einen Traum, der nicht ganz Traum:
Das Licht der Sonne war verlöscht, die Sterne
Im Dunkel durch die ew'gen Räume zogen,
Strahllos und pfadlos, und die kalte Erde
Hing schwarz und blind im mondlos trüben Äther.
Der Morgen kam und ging und kam und brachte
Doch keinen Tag, und in dem öden Graus
Vergaßen ihre Leidenschaft die Menschen,
Und aller Herzen flehten bang um Licht.
Bei Feuern lebten sie, und die Paläste

Gekrönter Könige wie der Armen Hütten
Und aller Wesen Wohnungen verbrannten
Sie jetzt, so dass verzehrt die Städte wurden,
Und um ihr flammend Obdach sammelten
Die Menschen sich, zu blicken sich noch einmal
Ins Angesicht. Beglückt sie, die da wohnten
Im Strahl der Bergesfackeln der Vulkane –
Nichts war mehr in der Welt als banges Hoffen.
Entzündet wurden Haine – Tag um Tag
Hinsinkend schwanden sie, die Kohlentrümmer
Verlöschten prasselnd: da ward alles schwarz;
Der Menschen Mienen schienen nimmer irdisch
Beim grausen Schein der sterbend grellen Flamme.
Die lagen nieder, das Gesicht verhüllend
Und weinten bitter; jene stützten auf
Geballte Hand das Angesicht und lachten
Unheimlich bleich; noch andre liefen hin
Und her und rührten frisch der Flammen Glut
Und sahn verzweifelnd auf zum dunklen Himmel,
Dem Bahrtuch der versunknen Welt; dann warfen
Wild fluchend sie sich nieder in den Staub
Und heulten zähneknirschend; grausig schrien
Die wilden Vögel, und sie flatterten
Entsetzt am Grund und wussten nicht, wohin.
Die wilden Tiere kamen zahm und zitternd,
Die Schlangen wanden sich inmitt der Menge
Und zischten stachellos, und man verschlang
Als Nahrung sie; der kaum gestillte Krieg
Fraß jetzt sich wieder voll – mit Blut erkauft
Ward jedes Mahl, das jeder einsam mürrisch

Verschlang; nur ein Gedanke war die Erde,
Und dieser: Tod – ruhmlos und allzu nah.
Des Hungers Wut zerfraß die Eingeweide,
Und unbegraben blieb der Sterbenden
Gebein und Fleisch; der Magere verschlang
Den Magren, Hunde fielen ihre Herrn
Selbst an – nur einer nicht, und dieser war
Treu einem Leichnam, und er hielt ihm fern
Die wilden Tiere, wie der Menschen Hunger,
Bis kühner sie, als jetzt sein Haupt sich neigte,
Andrangen – doch er selbst verschmähte Nahrung;
Mit stetem, herzzerreißendem Geheul
Und wildem Bellen leckte er die Hand,
Die ihn nicht streichelte – und also starb er.
Die Menge war verhungert nach und nach;
Aus einer Stadt zahlloser Menschen lebten
Nur zwei noch, und die beiden waren Feinde.
Sie trafen sich an eines Altars Asche,
Allwo man heil'ge Dinge aufgehäuft
Zu schändlichem Gebrauch; sie wühlten auf
Mit ihren Knochenhänden schauernd graus
Die halbverglimmte Asche, und ihr Hauch
Belebte fast sie, neue Flammen weckend,
Die wie ein Hohn; dann hoben sie die Augen
Empor beim fahlen Schein und sahn einand
Ins Antlitz – sahen – schrien auf und starben –
Sie starben an der eignen Scheußlichkeit,
Nicht wissend, wer es war, auf dessen Stirn
Der Hunger »Teufel« jetzt geschrieben hatte.
Leer war die Welt, die mächt'ge, völkerreiche,

Strauch-, menschen-, baumlos ohne Jahreszeit,
Ein Klumpen Tod, ein Chaos harten Staubes.
Die Flüsse, Meere, Seen standen still,
Nichts regte sich in ihren stummen Tiefen,
Und auf dem Meere lagen unbemannt
Die Schiffe, faulend mit zerbrochnen Masten –
Sie schliefen überm strudellosen Abgrund.
Die Wogen tot – die Fluten in dem Grab –
Der Mond, ihr Herrscher, vorher schon gestorben;
Die Winde moderten in stiller Luft,
Die Wolken kamen um, die Finsternis
Bedurfte ihrer nicht – sie war die Welt.

Diodati, Juli 1816

*

An Augusta

Diodati, Genf, 8. September 1816

Meine liebste Augusta, – (…)Was mich betrifft, so bin ich gesund und in leidlicher, wenn auch wechselnder Stimmung. Dennoch hat sie – oder vielmehr die Trennung – mir das Herz gebrochen: ich habe das Gefühl, als ob ein Elefant darauf herumgetrampelt wäre. Ich bin überzeugt, ich werde nie darüber hinwegkommen, aber ich will's versuchen. Ich hatte schon genug, bevor ich sie kannte, und mehr als genug. Aber Zeit und Erregungen aller Art haben mir weitergeholfen. Doch diese letzte Katastrophe hat mich ganz anders getroffen. Wenn es ein heftiger Schmerz wäre, würde es nichts ausmachen. Aber das ist es nicht – ich atme Blei.

Solange der Sturm anhielt und ihr alle in Piccadilly gejammert und mich mit eurer Verdammung erfreut habt, war es schlimm und schrecklich genug. Aber jetzt ist es schlimmer; ich habe weder Kraft noch Mut, auch nicht die Neigung, mich zu etwas zu bringen, was meinen Kopf klar machen und mein Herz erleichtern könnte. Ich habe die Absicht, Ende des Monats die Alpen zu überqueren und Gott weiß wohin zu gehen – über Dalmatien wieder zu den Arnauten, wenn ich nichts Besseres finde. Ich habe immer noch eine Welt vor mir, diese oder die nächste. (…)

Gott weiß warum – aber ich scheine dazu bestimmt, Menschen gegeneinander aufzubringen.

Hasse mich nicht, sondern sei überzeugt, dass ich immer bin

Dein Dir herzlichst zugetaner Byron

V
MANFRED

Ein dramatisches Gedicht

Doch mit dem Wissen wuchs des Wissens Durst,
Die Macht und Lust des leuchtenden Verstands.

Manfred – *eine »sehr subjektive Variation über das alte Faust-Motiv« – entstand Ende 1816/Anfang 1817 in der Schweiz und in Venedig und lag am 16. Juni 1817 gedruckt vor. Goethes* Faust, *erklärte Byron, »habe ich zwar niemals gelesen, denn ich kann kein Deutsch, aber Matthew Monk Lewis übersetzte ihn mir 1816 in Cologny größtenteils* viva voce, *und ich war natürlich tief beeindruckt.« Was ihn zu* Manfred *bewogen hatte, waren allerdings die grandiose Berner Hochalpenlandschaft und die Bitterkeit nach der Trennung von Annabella und seiner »Flucht« aus England.*

Erster Akt

Erster Auftritt

Manfred allein in einer gotischen Galerie. – Mitternacht

MANFRED Ich muss die Lampe wieder füllen, doch
Auch dann wird sie so lang nicht brennen, als
Ich wachen muss. Mein Schlummer, wenn es
Schlummer,
Ist doch nicht Schlaf, vielmehr ein fortgesetzter,
Anhaltender Gedanke, den ich nicht
Entfernen kann. Mein Herz ist immer wach,
Und dieses Auge schließt sich nur, um in
Mein Inneres zu schauen; und dennoch leb ich
Und bin an Antlitz und Gestalt gerad
Wie jeder andre Mensch. Doch sollt der Schmerz
Des Weisen Lehrer sein. Schmerz ist Erkenntnis!
Der, der am meisten weiß, muss auch am tiefsten
Ob der unsel'gen Wahrheit trauern; denn
Der Baum des Wissens ist nicht der des Lebens.
Ich habe Philosophie und Wissenschaft,
Der Wunder Born, die Weisheit auch der Welt
Erforscht, und meine Seele hat die Macht,
Sich diese Dinge untertan zu machen.
Doch reichen sie nicht aus; ich hab den Menschen
Manch Guts getan, auch unter ihnen wohl
Manch guten Mann entdeckt, doch reichte das
Nicht aus. Ich hatte meine Feinde; keiner
Hat mich besiegt, doch viele wichen mir.
Auch das reicht mir nicht aus. Das Gute und

Das Schlimme, Leben, Macht und Leidenschaften,
Was ich an andern Wesen nur erblicke,
War mir wie Regen nur im tiefen Sand,
Seit jene namenlose Stunde kam! –
Ich hab nie Angst und fühle ganz den Fluch,
Die blasse Furcht des Menschen nicht zu kennen,
Noch jenes scheue Klopfen, das von Hoffen
Und Wünschen stammt, von Lieb und Sehnen nach
Was Irdischem. – An meine Aufgab nun!
Geheimnisvolle Kraft! Ihr Geister der
Unendlichkeit, die ich im Dunkel suchte
Und in dem Licht! Die ihr die Erd umschwebt
Und in verfeinerteren Lüften wohnt!
Ihr, denen unnahbarer Berge Gipfel
Als Lager dient, der Erde und des Meers
Geheime Kammern sind vertraute Dinge!
Ich rufe euch mit jener Zauberformel,
Die über euch Gewalt mir gibt. Erscheint!
Erscheint! Pause. Sie kommen nicht. Nun bei der
Stimme
Des Geists, der euer Häuptling ist, und bei
Dem Zeichen hier, vor dem ihr sonst erbebt,
Beim Anrecht dessen, der unsterblich ist,
Erscheint! Erhebet euch! Erscheint! Pause. Oho!
Ihr Geister aus der Erd und Luft, ihr sollt
Mich also nicht verhöhnen! Bei der Macht,
Die mächt'ger ist als alles Angerufene,
Beim Zauberwort, das auf verbanntem Stern
Bezeugt, dem Lichtrest einer welken Welt,
In einer Hölle, die im Raume wandert,

Bei jenem Schreckensfluch, der auf der Seele
Mir liegt, bei dem Gedanken, der in mir,
Der um mich ist! Ich will's, ihr müsst! Erscheint!
Ein Stern erscheint am dunklen Ende der Galerie und bleibt dort stehen. Eine Stimme singt.

ERSTER GEIST Sterblicher! du riefst heraus
Mich aus meinem Wolkenhaus,
Das aus Zwielichts Dunst sich hebt,
Von der Sonne Gold durchwebt;
Wo sich Scharlach und Azur
Mischt zu meines Zeltes Flur.
Ist auch sündhaft dein Begehr,
Ritt ich doch auf Strahlen her,
Deinem Schwure untertan.
Sage deinen Wunsch mir an!

ZWEITER GEIST Montblanc ist der Berge König.
Längst auf seinem Felsenthron
Krönten sie im Wolkenmantel
Mit der Eiseskron ihn schon.
Wälder schmücken seine Hüfte,
Die Lawine seine Hand;
Aber ich muss erst befehlen,
Bis sie stürzt von fels'ger Wand.
Täglich schiebt die Gletschermasse
Kraftlos weiter sich und kalt,
Aber ich bin's, der sie treibet,
Der ihr ruft ein plötzlich Halt.
Ich, der Geist des Hochgebirges,
Dem sich beugt das Schneerevier,
Dem der Berge Sohlen zittern.

Was verlangst du, sprich, von mir?
DRITTER GEIST In des Wassers blauer Tiefe,
Wo sich keine Welle regt,
Wo kein Windhauch leise zittert,
Wo sich Meergewürm bewegt,
Wo ihr grünes Haar mit Muscheln
Sich die Nixe eifrig schmückt,
Hat dein Zauberspruch sich ehern
Wie ein Sturmwind eingedrückt.
Bis in meine Muschelhalle
Schlug das Echo donnernd an.
Nun enthüll dem Wassergeiste
Deiner Wünsche weiten Plan.
VIERTER GEIST Wo in Haufen aufgeschichtet
Künft'ge Erderbeben schlafen
Und die Pech- und Schwefelfeen
Kochen in der Erde Hafen,
Wo der Anden Wurzeln strecken
Tief sich in die dunkle Erde,
Wo die Gipfel sich zum Himmel
Heben in erhabner Fährte,
Dorther, wo ich einst geboren,
Komm ich nun auf deinen Willen,
Denn dein Spruch hat mich bezwungen.
Dein Begehren will ich stillen.
FÜNFTER GEIST Ich bin des Windes Reiter,
Des Sturmes rechter Arm,
Die Wolk, die ich verlassen,
Ist noch von Blitzen warm.
Und zu dir her

Durch Land und Meer
Strich ich mit raschem Wind;
Das Schiff schwamm brav,
Das heut ich traf,
Doch sinkt's nur zu geschwind.

SECHSTER GEIST Mein Haus ist der dunkelste Schatten der Nacht.
Was quält mich mit Licht deines Zaubers Macht?

SIEBENTER GEIST Der Stern, der dein Geschick regiert,
Ward einst durch mich beherrscht, geführt;
's war eine Welt so frisch und schön,
Wie jemals flog um Sonnenhöhn,
Sein Lauf war frei und regelrecht,
Der schönste in dem Sterngeschlecht.
Die Stunde kam: er ward verbannt
Zum Wanderlicht, das jählings flammt
Als ein Komet am Himmelszelt,
Als Fluch, als Schrecken einer Welt!
Da rollt er hin mit alter Kraft,
Doch ohne Bahn dahingerafft,
Ein leuchtend, missgestaltet Ding,
Ein Flecken in dem großen Ring.
Du, der du unter ihm entstandst,
Du Wurm, der du mich an dich bandst
Durch eine Macht, die doch nicht dein,
Geschenkt dir, dass du würdest mein! –
Der du mich zwangst herabzuwehn,
Wo diese schwachen Geister stehn,
Und gar zu sprechen nun mit dir,
Was willst du, Erdenkloß, von mir?

DIE SIEBEN GEISTER Meer, Erde, Luft, Gebirg, Nacht,
Wind und selbst dein Stern
Sind, Erdensohn, auf dein Geheiß erschienen;
Die Geister warten der Befehle ihres Herrn.
Was willst du, Menschenkind, von ihnen?
MANFRED Vergessenheit!
ERSTER GEIST Von was? von wem? warum?
MANFRED Von dem, was in mir ist.

VI
MARGARITA COGNI

»Die sanfte Tigerin«

Sie schien ganz Lächeln, und ihr Blick, der dunkle,
Als ob er Dank für seine Siege funkle.

Anfang November 1816 traf Byron in Venedig ein. Obwohl er dort nur den Winter über bleiben wollte, nahm ihn der Zauber der Stadt derart gefangen, dass er, von ein paar Reisen abgesehen, zweieinhalb Jahre blieb und ein ausschweifendes Leben mit unzähligen Liebesabenteuern führte. Frauen und Mädchen schwirrten nur so durch seine Tage. Eine Ausnahme bildete Margarita Cogni, die Frau eines Bäckers, die Byron durch ihr wildes Wesen faszinierte und die nicht von ihm abließ, bis er sie eine Zeitlang als Haushälterin und Mätresse anstellte. Der Brief an seinen Verleger John Murray, in dem er die Geschichte der Margarita Cogni erzählt, wurde berühmt.

An John Murray

Ravenna 1. August 1819

(Richten Sie Ihre Antwort jedoch nach Venedig)

Sehr geehrter Herr – Seien Sie nicht beunruhigt, Sie werden sehen, dass ich mich wacker verteidigen kann – das heißt, wenn ich in gehobener Stimmung sein sollte; und unter *Stimmung* verstehe ich nicht, was Sie unter dem Wort verstehen, sondern die Stimmung einer Bulldogge, wenn sie gezwickt, oder eines Stieres, wenn er gezwackt wird – dann zeigen sie sich nämlich von ihrer besten Seite – und da meine Empfindungen bei einem Angriff wahrscheinlich einer erfreulichen Mischung aus den vereinten Energien dieser liebenswerten Tiere gleichkommen, könnten Sie vielleicht etwas erleben, was Marrall ein »ungewöhnliches sportliches Ereignis« nennt, und allerhand gut exekutiertes Schleudern und Aufspießen im Verlauf der Kontroverse. Aber ich muss zunächst in der rechten Laune sein, und ich fürchte, ich bin fast zu weit entfernt, um für den Zweck in eine rechte Wut zu geraten; und außerdem habe ich mich durch die Liebe und den Sommer in diesen zwei letzten Monaten verweichlicht und geschwächt (…)

Sie haben Harlow's Zeichnungen von Margarita und mir ziemlich teuer gekauft, scheint mir; aber da Sie Margarita Cognis Geschichte wünschen, sollen Sie sie hören, obwohl sie etwas lang werden dürfte.

Ihr Gesicht entspricht dem schönen venezianischen Typus der alten Zeit, und ihre Gestalt, obzwar vielleicht zu groß, ist nicht weniger schön – in der landesüblichen Tracht.

Im Sommer 1817 ritten Hobhouse und ich eines Abends in

gemächlichem Tempo den Brenta entlang, als wir in einer Gruppe von Bauern zwei Mädchen bemerkten, die schönsten, die wir seit einiger Zeit gesehen hatten. Damals herrschte große Not auf dem Land, und ich hatte ein paar Leuten ein bisschen geholfen. Freigebigkeit macht in venezianischer Währung mit sehr geringen Kosten eine beträchtliche Summe aus, und meine war wahrscheinlich übertrieben worden – da sie von einem Engländer kam. Ob sie bemerkten oder nicht, dass wir sie betrachteten, weiß ich nicht; aber eines der Mädchen rief mir auf venezianisch zu: »Warum denken Sie nicht auch an uns, da Sie anderen helfen?« Ich wandte mich um und gab ihr zur Antwort – *»Cara, tu sei troppo bella e giovane per aver' bisogno del soccorso mio.«* Sie erwiderte: »Wenn Sie meine Hütte und mein Essen sehen könnten, würden Sie nicht so sprechen.« All das ging halb im Scherz vor sich, und ich sah für einige Tage nichts mehr von ihr.

Ein paar Abende später trafen wir diese zwei Mädchen wieder, und sie sprachen uns in einem ernsthafteren Ton an, wobei sie uns versicherten, dass sie die Wahrheit gesprochen hätten. Sie waren Kusinen; Margarita verheiratet, die andere ledig. Da ich noch immer meine Zweifel über die Umstände hatte, nahm ich die Sache von einer anderen Seite und verabredete mich mit ihnen für den nächsten Abend. Hobhouse hatte an der ledigen Dame, die von viel kleinerem Wuchs, aber auch ein sehr hübsches Mädchen war, Gefallen gefunden. Sie kamen, begleitet von einer dritten Frau, die verteufelt im Weg war, und Hobhouse's Schatz bekam es mit der Angst (ich meine nicht vor Hobhouse, sondern weil sie nicht verheiratet war – denn hierzulande tut keine Frau etwas unter Ehebruch), und rannte weg; und mein Schatz machte einige Schwierigkeiten – bei meinen Anträgen und wollte es sich überlegen. Ich sagte ihr, »wenn du wirklich in Not bist, will ich dir bedingungslos helfen, und du kannst mit mir schlafen oder nicht, ganz wie es dir Spaß macht – *darauf* soll es nicht ankommen; aber wenn du nicht in dringender Not bist, dann ist es natürlich ein Rendezvous, und ich musste annehmen, dass es dir klar war, als du dich mit mir verabredet hast.« Sie sagte, sie hätte nichts dagegen, mit mir zu schlafen, da sie verheiratet sei und alle verheirateten Frauen es täten: aber dass ihr Mann (ein Bäcker) etwas gewalttätig sei und ihr etwas antun würde. Kurz gesagt, im Lauf einiger Abende brachten wir unsere Angelegenheiten in Ordnung, und zwei Jahre lang, während deren ich mehr Frauen hatte, als ich zählen oder nachrechnen kann, war sie die einzige, die eine Macht über mich behielt, eine Macht, die oft umstritten, aber nie geschmälert wurde. Wie sie selber öffentlich zu sagen pflegt: »Meinetwegen kann er fünfhundert haben; aber zu mir wird er immer zurückkommen.«

Die Gründe dafür waren, erstens ihre Person – sehr dunkel, groß, das venezianische Gesicht, sehr schöne schwarze Augen – und gewisse andere Eigenschaften, die nicht erwähnt zu werden brauchen. Sie war zweiundzwanzig Jahre alt, und da sie nie Kinder gehabt hatte, war ihre Figur und auch alles andere noch unverdorben – was, wie ich Ihnen versichern kann, eine große und erwünschte Seltenheit in einem heißen Klima ist, wo sie kurz nach dem Kinderkriegen schlaff und plump und teigig werden. Außerdem war sie in ihrem Dialekt, in ihren Gedanken und ihrer Haltung eine echte Venezianerin mit all der Naivität und dem possenhaften Humor, der ihnen eigen ist. Zudem konnte sie weder lesen noch schreiben und mich nicht mit Briefen plagen – zweimal ausgenommen, als sie einem öffentlichen Schreiber auf der Piazza einen halben Schilling für einen Brief an mich zahlte, in einer Zeit, als ich krank war und sie nicht sehen konnte. In anderer Hinsicht war sie etwas wild und *prepotente*, das heißt herrisch, und sie pflegte zu erscheinen, wann immer es ihr passte, ohne große Rücksicht auf Zeit, Ort oder Personen; und wenn ihr Frauen in den Weg kamen, schlug sie sie nieder.

Als ich sie kennenlernte, war ich in *relazione (liaison)* mit Signora Segati, die eines Abends in Dolo, von einer ihrer Freundinnen begleitet, töricht genug war, ihr zu drohen; denn die Klatschbasen der Villeggiatura, die mein Pferd eines Abends hatten wiehern hören, hatten bereits herausbekommen, dass ich »spät abends auszureiten« pflegte, um die Fornarina zu treffen. Margarita schlug ihren Schleier zurück und erwiderte in sehr ausgesprochenem Venezianisch, »*Sie* sind *nicht* seine *Frau: ich* bin *nicht* seine *Frau: Sie* sind seine *Donna* und *ich* bin seine *Donna: Ihr* Mann ist ein Hahnrei und *meiner* gleichfalls (…) ist es meine Schuld, wenn er, was ich habe, dem vorzieht, was Sie besitzen? wenn Sie ihn festhalten wollen, dann binden Sie ihn an Ihren Unterrock; aber glauben Sie nicht, dass Sie zu mir sprechen können, ohne eine Antwort zu bekommen, weil Sie zufällig reicher sind als ich.« Nachdem sie diese hübsche Rede gehalten hatte (die ich wiedergebe, wie sie mir von einem Zeugen berichtet wurde), ging sie ihres Wegs und ließ Madame Segati inmitten zahlreicher Zuhörer zurück, um ihr Gelegenheit zu geben, über das Gespräch zwischen ihnen nachzudenken.

Als ich für den Winter nach Venedig ging, folgte sie mir. Ich hatte nie eine regelrechte *liaison* mit ihr, aber immer, wenn sie erschien, erlaubte ich keinem anderen Verhältnis, ihr in den

Weg zu treten; und da sie merkte, dass sie eine Favoritin sei, kam sie ziemlich oft. Aber sie hatte eine unmäßige Eigenliebe und duldete keine anderen Frauen, außer der Segati, die, wie sie sagte, meine regelrechte *Amica* sei, so dass, da ich es damals ziemlich toll trieb, große Verwirrung herrschte und Kopfschmuck und Taschentücher in Fetzen gingen; und manchmal erhielten meine Bedienten bei dem Versuch, den Kampf zwischen ihr und anderen weiblichen Personen zu »schlichten«, mehr Schläge als Anerkennung für ihre friedliebenden Bemühungen. *Auf der Cavalchina*, dem von aller Welt besuchten Maskenball am letzten Karnevalabend, riss sie Madame Contarini, einer Dame von edler Geburt und gutem Benehmen, die Maske herunter, aus keinem anderen Grund, als weil sie sich gerade an meinen Arm lehnte. Sie können sich vorstellen, was für ein teuflisches Aufsehen es machte; aber das ist nur einer ihrer Streiche.

Schließlich überwarf sie sich mit ihrem Mann, und eines Abends rannte sie davon, und zwar in mein Haus. Ich erklärte ihr, das ginge nicht: sie sagte, sie wolle sich auf das Pflaster legen, aber nicht zu ihm zurückkehren; dass er sie (die sanfte Tigerin) schlage, ihr Geld ausgebe und seinen Ofen in skandalöser Weise vernachlässige. Da es Mitternacht war, erlaubte ich ihr zu bleiben, und am nächsten Tag war sie überhaupt nicht wegzubringen. Ihr Mann erschien, schreiend und heulend, und flehte sie an, zurückzukehren: – sie dachte nicht daran! Er wandte sich dann an die Polizei, und diese wandte sich an mich: ich sagte der Polizei und ihrem Mann, sie sollten sie fortschaffen; ich wolle sie nicht; sie sei gekommen, und ich könne sie nicht aus dem Fenster werfen; aber sie könnten sie durch das Fenster oder die Tür befördern, wie es ihnen behage. Sie wandte sich an den Kommissar, wurde aber gezwungen, wieder nach Hause zu gehen mit diesem »schwindsüchtigen Hahnrei«, wie sie den armen Mann nannte, der wirklich die Schwindsucht hatte. Ein paar Tage später rannte sie wieder davon. Nach vielem Hin und Her richtete sie sich in meinem Haus ein, wirklich und wahrhaftig ohne meine Zustimmung, aber dank meiner Indolenz und dem Umstand, dass ich nicht ernst bleiben konnte; denn wenn ich in Zorn geriet, brachte sie es schließlich immer fertig, mich mit irgendwelchen venezianischen Possen zum Lachen zu bringen; und die Schelmin wusste das nur zu gut, sie kannte auch ihre anderen Überredungskünste und wandte sie mit dem üblichen Takt und Erfolg aller weiblichen Kreaturen an – der hohen und niedrigen, darin sind sie sich alle gleich.

Auch Madame Benzona nahm sie unter ihre Protektion, und dann wurde sie übermütig. Sie fiel immer von einem Extrem ins andere, sie lachte entweder oder sie weinte; und so wild war sie im Zorn, dass sie der Schrecken von Männern, Frauen und Kindern war – denn sie hatte die Kräfte einer Amazone, verbunden mit dem Temperament der Medea. Sie war ein prachtvolles Tier, aber nicht zu zähmen. Ich war der einzige, der sie einigermaßen im Zaum halten konnte, und wenn sie mich ernsthaft zornig sah (was ein recht fürchterlicher Anblick sein soll), dann gab sie nach. Aber sie hatte tausend Narrheiten im Kopf: in ihrem *fazziolo*, dem Kleidungsstück der niederen Stände, sah sie wunderbar aus; doch leider sehnte sie sich nach Hut und Federn, und was ich auch sagte oder tat (und ich sagte viel), konnte diese Travestie nicht verhindern. Ich warf den ersten Hut ins Feuer; aber ich wurde eher müde, sie zu verbrennen, als sie es wurde, neue zu kaufen, so dass sie eine komische Figur aus sich machte – denn sie standen ihr gar nicht.

Dann wollte sie eine *Schleppe* an ihren Kleidern haben – wie eine Dame, wahrhaftig; nichts war ihr recht außer *»l'abito colla coua«* oder *cua* (so heißt *»la Coda«*, die Schleppe, auf venezianisch), und da ihre verflixte Aussprache des Worts mich zum Lachen brachte, war der ganze Streit zu Ende, und sie zog diese teuflische Schleppe überall hinter sich her.

In der Zwischenzeit verprügelte sie die Frauen und fasste meine Briefe ab. Eines Tages fand ich sie brütend über einem: sie versuchte, aus der Form der Briefe herauszufinden, ob sie von Frauen stammten oder nicht; und sie bejammerte ihre Unwissenheit und studierte tatsächlich das Alphabet, in der Absicht (wie sie erklärte), alle an mich adressierten Briefe zu öffnen und ihren Inhalt zu lesen.

Ich darf nicht unterlassen, ihren hausfraulichen Tugenden Gerechtigkeit widerfahren zu lassen: nachdem sie als *donna di governo* in mein Haus gekommen war, gingen die Ausgaben auf weniger als die Hälfte herunter, und jeder kam seinen Pflichten besser nach … Dass sie sich in ihrer wilden Art ziemlich viel aus mir machte, das anzunehmen hatte ich viele Gründe. Ich will nur einen erzählen. Als ich im Herbst eines Tages mit meinem Gondolier zum Lido fuhr, wurden wir von einem heftigen Sturm überrascht, und die Gondel geriet in Gefahr – die Hüte weggeweht, das Boot voll Wasser, das Ruder verloren, das Meer in Aufruhr, Donner, strömender Regen, Einbruch der Nacht und zunehmender Wind. Bei unserer Rückkehr nach schwerer Mühe erblickte ich sie auf der Freitreppe des Palazzo Mocenigo am Canale Grande mit ihren großen schwarzen Augen, die durch ihre Tränen blitzten, und ihrem langen dunklen Haar, das, vom Regen durchnässt, ihr über Stirn und Busen wehte. Sie war dem Sturm ganz und gar ausgesetzt; und bei dem Wind, der Haar und Kleid um ihre hohe schlanke Gestalt blies, und den Blitzen, die sie umzuckten, und den zu ihren Füßen brandenden Wellen sah sie aus wie Medea, die ihrem Wagen entstiegen war, oder wie die Sibylle des Sturms, der um sie tobte; in diesem Augenblick das einzige Lebewesen in Rufweite außer uns selbst. Als sie mich in Sicherheit sah, nahm sie sich nicht die Zeit, mich zu begrüßen, wie zu erwarten gewesen wäre, sondern rief mir zu – *Ah! Can' della Madonna, xe questo il tempo per andar' al' Lido!*, rannte in das Haus und erleichterte sich, indem sie die Bootsleute ausschimpfte, weil sie den »temporale« nicht vorhergesehen hätten … Ihre Freude, mich wiederzusehen, vermischte sich etwas mit ihrer Wildheit, und sie erinnerte mich an die einer Tigerin über ihr wiedergefundenes Junges.

Aber ihre Herrschaft näherte sich dem Ende. Einige Monate später wurde sie ganz unbotmäßig; und eine Reihe von Beschwerden, einige auf Wahrheit beruhend, viele falsch – »ein Günstling ist ohne Freunde« – bestimmte mich, ihr den Laufpass zu geben. Ich sagte ihr in aller Ruhe, dass sie nach Hause zurückkehren müsse (sie hatte sich in meinen Diensten genügend Mittel für sich selbst, ihre Mutter, etc. erworben), doch sie weigerte sich, das Haus zu verlassen. Ich blieb fest, und sie ging, wobei sie Messer und Rache androhte. Ich sagte ihr, ich hätte gezückte Messer schon vor ihrer Zeit gesehen, und wenn sie damit beginnen wolle, so lägen hier auf dem Tisch Messer und Gabel zu ihrer Verfügung, und dass ich mich nicht einschüchtern lasse. Als ich am nächsten Tag beim Essen war, erschien sie (nachdem sie als Auftakt die Glastür eingeschlagen hatte, die von dem Vestibül zum Treppenhaus führt), und direkt auf den Tisch zukommend, riss sie mir das Messer aus der Hand, wobei sie mich leicht am Daumen verletzte. Ob sie das Messer gegen sich selber oder gegen mich wenden wollte, weiß ich nicht - wahrscheinlich gegen keinen - aber Fletcher (der treue Kammerdiener) packte sie bei den Armen und entwaffnete sie. Ich rief dann meine Bootsleute und befahl ihnen, die Gondel fertig zu machen … Sie schien ganz ruhig und ging die Treppe hinunter. Ich machte mich wieder an mein Essen.

Wir hörten einen großen Lärm: … Sie hatte sich in den Kanal gestürzt. Dass sie mit sich Schluss machen wollte, glaube ich nicht; aber wenn wir an die Angst denken, die Frauen und Männer, die nicht schwimmen können, vor tiefem und selbst vor seichtem Wasser haben (und die Venezianer besonders, obwohl sie auf dem Wasser leben), und dass es zudem Nacht und dunkel und sehr kalt war, so beweist es, dass sie von irgendeinem Teufelsgeist besessen war. Man hatte sie ohne Schwierigkeit und unbeschädigt herausgezogen, abgesehen von dem Salzwasser, das sie geschluckt, und der Taufe, der sie sich unterzogen hatte.

Ich sah ihre Absicht voraus, sich wieder bei mir einzurichten, und schickte nach einem Arzt, den ich fragte, wie viele Stunden nötig seien, um sie aus ihrer Verwirrung wieder zu sich zu bringen; und er nannte die Zeit. Ich sagte darauf: »Ich gebe Ihnen diese Zeit und noch mehr, wenn Sie wünschen; aber wenn sie nach Ablauf der vorgeschriebenen Spanne das Haus nicht verlässt, werde ich es tun.«

Alle meine Leute waren konsterniert – sie hatten immer vor ihr Angst gehabt und waren jetzt vor Entsetzen gelähmt; sie wollten, ich solle mich an die Polizei wenden, auf meiner Hut sein etc. etc., wie es dem Pack von wehleidigen, servilen Tölpeln, die sie sind, entsprach. Ich tat nichts dergleichen und dachte mir dabei, ich könnte ebenso gut auf diese wie auf eine andere Art mein Leben beschließen; außerdem war ich an wilde Frauen gewöhnt und kannte ihre Schliche.

Als sie sich erholt hatte, ließ ich sie in aller Ruhe nach Hause bringen, und ich habe sie seitdem nie mehr gesehen, ausgenommen zweimal in der Oper in einiger Entfernung unter dem Publikum. Sie machte viele Versuche, zurückzukehren, aber keine gewalttätigen mehr. Und das ist die Geschichte der Margarita Cogni, soweit sie mich angeht. Ich vergaß zu erwähnen, dass sie sehr fromm war und sich zu bekreuzigen pflegte, wenn sie die Gebetsglocke hörte – mitunter auch, wenn diese Zeremonie mit ihrer augenblicklichen Beschäftigung nicht sehr in Einklang zu stehen schien.

Sie war schlagfertig; wie zum Beispiel – Eines Tages, als sie mich sehr zornig machte, weil sie irgendwen geschlagen hatte, nannte ich sei eine Kuh (eine »vacca« … im Italienischen eine schwere Beleidigung …). Sie wandte sich um, machte einen Knicks und erwiderte, »*Vacca tua, 'Celenza*« (i. e. Eccelenza). Kurz, sie war, wie ich schon sagte, ein prachtvolles Tier von beträchtlicher Schönheit und Energie mit vielen guten und manchen amüsanten Eigenschaften, aber wild wie eine Hexe und hitzig wie ein Teufel. Sie pflegte sich vor allen Leuten der Gewalt zu rühmen, die sie über mich hatte und die sie der Anziehungskraft anderer Frauen entgegensetzte, wofür sie die verschiedensten Gründe anführte, physischer und moralischer Art, die mehr für ihre Person als ihre Bescheidenheit sprachen. Es war richtig, dass sie alle versuchten, sie zu verdrängen, und dass es keiner gelang, bis Margaritas eigene Narrheit ihnen zu

Hilfe kam. Wenn ein Wettstreit stattfand, und manchmal musste eine in einem Zimmer und die zweite in einem anderen eingeschlossen werden, um einen Kampf zu verhüten, fiel ihr meist der Sieg zu.

Ihr Ihnen aufrichtig und herzlich ergebener B.

VII
KAIN

Ein Mysterium

Kann etwas schmerzen außer: Mensch zu sein?

Kain. Ein Mysterium *erregte von allen dramatischen Arbeiten Byrons das größte Aufsehen. Es entstand von Juli bis September 1821 in Ravenna. Neben dem biblischen Stoff und Einflüssen aus Miltons* Lost Paradise *versteckt sich hier das autobiographische Motiv der »schuldhaft-unschuldigen Geschwisterliebe«.*

Erster Akt

Erster Auftritt

Außerhalb des Paradieses. Sonnenaufgang

(...)
(Kain und Luzifer im Gespräch)
ADAH tritt auf.

ADAH Mein Bruder! Ich
Komm deinethalben! 's ist unsre Ruhestunde,
Du fehltest uns dabei. Zwar warst du bei
Der Arbeit nicht, doch ich versah dein Werk.
Die Frucht ist reif und glüht wie's Licht, das sie
Gereift. Komm jetzt!

KAIN Siehst du –?

ADAH Den Engel hier?
Wir sahn schon manchen; will er unsre Stunde
Der Ruhe teilen, ist er uns willkommen.

KAIN Er ist nicht wie die Engel, die wir sahn.

ADAH So gibt es andre noch? Doch das tut nichts!
Er ist willkommen, wie's die andern waren,
Die uns gewürdigt, unser Gast zu sein.
Wohlan!

KAIN *zu Luzifer* Du kommst?

LUZIFER Ich bitte dich, sei mein.

KAIN Ich muss mit ihm.

ADAH Willst uns verlassen?

KAIN Ja.

ADAH Auch mich?
KAIN Geliebte Adah!
ADAH Nimm mich mit.
LUZIFER Nein! sie darf nicht.
ADAH Wer bist denn du, der sich
So zwischen unsre Herzen drängt?
KAIN Er ist
Ein Gott.
ADAH Woher denn weißt du das?
KAIN Er spricht
Ganz wie ein Gott.
ADAH Das tat die Schlange auch
Und log.
LUZIFER Du irrest, Adah. War der Baum
Nicht der Erkenntnis Baum?
ADAH Ja, uns zur Pein!
LUZIFER Doch ist Erkenntnis diese Pein; sie log
Drum nicht. Wenn sie euch lockte, war's durch Wahrheit,
Und Wahrheit kann dem Wesen nach nichts sein
Als gut.
ADAH Doch was wir von ihr wissen, hat
Ein Übel auf das andre nur gehäuft:
Verbannung, Arbeit, Furcht, ein schwer Gemüt,
Reu über das, was war, und Hoffnung auf –
Was doch nicht kommt! – Kain! geh nicht mit Geist!
Ertrag, was wir ertragen; liebe mich,
Ich liebe dich.
LUZIFER Mehr als die Mutter und
Den Vater?

ADAH Ja. – Ist das wohl sündhaft?
LUZIFER Nein!
Noch nicht. Einst wird's für eure Kinder sein.
ADAH Wie? Darf mein Töchterlein nicht seinen Bruder,
Den Enoch lieben?
LUZIFER Nicht wie du den Kain.
ADAH O Gott, nicht lieben sollen sie? Aus Lieb
Nicht Wesen, die sich wieder lieben, zeugen?
Sie sogen doch die Milch aus diesem Busen,
Und er, ihr Vater, ward im selben Schoß
Mit mir, zu gleicher Zeit gezeugt, getragen,
Und liebten wir uns nicht? Und haben wir,
Als unser Dasein wir gemehrt, nicht auch
Geschöpfe, die einander lieben, wie
Wir sie, gezeugt? Bei meiner Liebe, Kain!
Geh mit dem Geist nicht, er ist nicht der Unsern.
LUZIFER Ich schuf die Sünde nicht, von der ich sprach;
Und Sünde kann sie auch in euch nicht sein,
Wie sie an denen auch erscheinen mag,
Die euch ersetzen in der Sterblichkeit.
ADAH Was ist denn Sünde, die nicht Sünde ist
An sich? Kann unser Tun ein Umstand denn
In Sünd und Tugend drehn? Wenn so, dann sind
Wir Sklaven nur –
LUZIFER Selbst höhre Wesen sind's
Als ihr, und Höhre wären's noch als sie
Und ihr, wenn sie der Unabhängigkeit,
Wiewohl in Qual, den Vorzug nicht erteilt
Vor jener milden Pein der Schmeichelei,
Dem Singsang und dem selbstischen Gebet

Zu Dem, der alles kann, weil er allmächtig,
Und nicht aus Lieb zu Ihm, aus Schrecken nur
Und Hoffnung auf Gewinn.

ADAH Die Allmacht muss
Allgütig sein.

LUZIFER War sie's in Eden?

ADAH Teufel!
(…)
In seinem Blicke ruht
Ein Reiz, der fesselt, der mein flatternd Aug
An seines knüpft. Mein Herz schlägt schnell, er
macht
Mir Angst und ziehet doch mich an, und näher,
Stets näher. Kain! Kain, rette mich vor ihm!
(…)
Kain, wähl die Lieb!

KAIN Die Lieb zu dir, Adah,
Erwähl ich nicht; die ward mit mir geboren,
Sonst aber lieb ich nichts.

ADAH Und unsre Eltern?

KAIN Als ob sie uns geliebt, da sie die Frucht,
Die aus dem Paradies uns trieb, gepflückt!

ADAH Wir waren noch nicht da; und wenn wir's waren,
Ist's unsre Pflicht nicht, sie zu lieben, Kain?
Und unsre Kinder, Kain?
(…)

KAIN Dein Reiz und deine, meine Lieb und Lust,
Die frohe Stund, der süße Augenblick,
Was wir an uns und unsern Kindern lieben,
Es führt nur sie und uns durch manches Jahr

Von Sünd und Schmerz – vielleicht durch wen'ge nur,
Doch schmerzlich immer, mit Momenten nur
Verkümmerten Genusses hin zum – Tod,
Dem unbekannten Ding! – Mich dünkt, der Baum
Hat keineswegs, was er versprach, erfüllt.
Wenn sie gesündigt, mussten sie auch wissen,
Was wissenswert, des Todes Rätsel selbst.
Was wissen sie? Nur dass sie elend sind!
Und das zu lehren, braucht's nicht Schlang noch
Frucht.
(…)

Zweiter Akt
Zweiter Auftritt

(Nach der Reise zum »Abgrund des Alls«)
Unterwelt. LUZIFER *und* KAIN *treten auf*

(…)
KAIN ich sehn mich nach dem Guten.
LUZIFER Und wer, und was tut das denn nicht? Wer will
Das Böse denn um seines Bittern willen?
Niemand und nichts! Es ist ein Sauerteig
Von allem Leben, allem Lebenslosen.
KAIN In jene wundervollen Kugeln, die
Wir blendend, fern und unzählbar geschaut,
Eh wir gesunken in dies Schattenreich,
Zieht doch nichts Böses ein: sie sind zu schön!
LUZIFER Du sahst sie von der Ferne nur.

KAIN Was tut's?
Entfernung kann doch mindern nur den Glanz,
Sie müssten nah nur noch erhabner sein.
LUZIFER Tritt auch den schönsten Erdendingen nah
Und mustre ihre Schönheit dann!
KAIN Ich tat's.
Das Lieblichste, was mir bekannt, war mir
Am lieblichsten ganz nah.
LUZIFER Da muss ein Wahn
Mit unterlaufen. Sprich! Was ist denn das,
Was die in deiner Blicke nächster Näh
Mehr als entfernte schöne Dinge hold
Erscheint?
KAIN s'ist meine Adah, meine Schwester! –
Die Sterne all des Firmaments; die Nacht
In ihrem tiefen Blau, von einem Kreis
Erhellt, der wie ein Geist, wie eine Welt
Von Geistern blickt; der Dämmrung Farbenspiel;
Der Sonne Aufgang und ihr Niedergang,
Des unbeschreiblich schönes Bild mein Aug
Mit süßen Tränen füllt und sanft mein Herz
Nach jenem Wolkenparadiese dort
Im Westen zieht; des Waldes Schattennacht;
Der grüne Zweig; des Abendvogels Laut,
Der uns von Lieb zu singen scheint, und sich
Mit dem Gesang der Cherubim vermischt,
Wenn über Edens Wall der Tag sich schließt –
All das ist meinem Aug und Herzen nichts,
Nichts gegen Adahs Antlitz; Erd und Himmel
Kehr ich den Rücken, *sie* nur anzuschaun.

LUZIFER Wohl ist es schön, wie schwache Sterblichkeit
Im ersten Blühn der jungen Schöpfung nur,
Wie nur der Erdeneltern erst Umarmen
Ein Bild erzeugen konnt – und doch ist's Wahn!
(…)
Vielleicht die deine wäre was für mich.
Doch wenn du dein nennst ein so schönes Weib,
Dass jede Schönheit weit sie überstrahlt
In deinem Aug, warum bist elend du?

KAIN Warum denn leb ich? Warum bist auch du,
Warum ist alles elend? Und selbst Er,
Der uns gemacht hat, muss es sein, weil Er
Solch Elend schuf! Zerstörung schaffen kann
Ein Ausdruck nie des wahren Glückes sein!
Und doch sei Er allmächtig, sagt mein Vater.
Warum das Böse dann, wenn selbst Er gut?
Ich stellte meinem Vater diese Frage;
Er sprach: »Weil dieses Böse nur der Weg
Zum Guten ist.« Ein seltsam Gutes, das
Entspringen nur aus seinem Todfeind kann! –
Ich sah ein Lamm jüngst, das die Schlange stach;
Das arme Ding lag zuckend auf dem Plan,
Und seine Mutter blökte jämmerlich.
Mein Vater pflückte Kräuter ab und legte
Sie auf die Wunde ihm; allmählich kam
Das unbeholfene Geschöpf zum Leben
Zurück, stand auf und sog der Mutter Milch,
Die zitternd stand, die neubelebten Glieder
Mit Lust beleckend. »Sieh, mein Sohn!« sprach Adam,
»Wie aus dem Übel Gutes doch entspringt.«

LUZIFER Was gabst du ihm zur Antwort drauf?
KAIN Nun, nichts!
Er ist mein Vater; doch ich dacht, es wär
Für jenes Tierchen besser noch gewesen,
Wenn's keine Schlange stach, als dass es so
Des Lebens Wiederkehr erkaufen musst,
Mit unaussprechlichem Gequäl, ward dies
Dann auch durch Gegengift verjagt.
LUZIFER Jedoch
Du sagst, von all' geliebten Dingen liebst
Du sie am meisten, die der Mutter Milch
Mit dir geteilt, und deinen Kindern nun
Die ihre reicht –
KAIN Ja, ganz gewiss! was wär
Ich ohne sie?
LUZIFER Was bin denn ich?
KAIN Liebst du
Denn nichts?
LUZIFER Was liebt dein Gott?
KAIN Ein jed Geschöpf,
Sagt mir mein Vater; doch, ich muss gestehn,
Am Los, das Er uns zugeteilt, vermag
Ich's nicht zu sehn.
(…)
LUZIFER Du dauerst mich, dass, was vergehen muss,
Du liebst.
KAIN Du aber mich, dass nichts du liebst.
(…)
LUZIFER Jetzt will ich dich
Zurück zu deiner Erdenwelt geleiten,

Wo Adams Rasse du vermehren sollst
Und wo du essen wirst und trinken, schaffen
Und lachen, weinen, schlafen – und dann sterben.

KAIN Und warum schaute ich die Dinge nun,
Die du mir all gezeigt?

LUZIFER Wolltest du denn nicht
Erkenntnis finden; hab ich nicht in dem,
Was ich dir wies, dich selbst erkennen dich
Gelehrt?

KAIN Ach! nichts schein ich zu sein!

LUZIFER Und dies
Ist menschlicher Erkenntnis Ziel, dass man
Die Nichtigkeit des Menschenseins erkennt.
Lass diese Kenntnis deinen Kindern nach,
Gar manchen Jammer wird sie ihnen sparen.

KAIN Hochmüt'ger Geist! wie stolz sprichst du zu mir,
Doch einen hast trotz deinem Stolz auch du,
Der über dir!

LUZIFER Nein! nein! beim Himmel, den
Er hält! beim Abgrund! der Unendlichkeit
Der Welten und des Lebens, die mit Ihm
Ich halte – Nein! Er ist mein Sieger wohl,
Jedoch mein Obrer nicht. Ich kämpfe gegen Ihn,
Wie ich im höchsten Himmel einst gekämpft.
Durch alle Ewigkeit und durch des Hades
Unmessbar tiefe Schlünde hin und durch
Des Raumes unbegrenzte Reiche fort,
Durch die Unendlichkeit endloser Zeit –
Will alles ich ihm streitig machen, alles!
Welt soll um Welt und Stern um Stern und All

Um All erzittern in der Waage, bis
Der große Kampf zu Ende, wenn er je endet;
Was nicht geschieht, bis Er, bis ich dahin!
Was aber kann Unsterblichkeit vernichten?
Was unsern ew'gen, gegenseit'gen Groll?
Als Sieger nennt Er den Besiegten böse,
Was aber ist das Gute, das Er gibt?
Wär ich der Sieger, gälten seine Werke
Allein für bös. Was war es denn, ihr neu
Und kaum geborenen Sterblichen, was Er
Euch schon und eurer kleinen Welt geschenkt?

KAIN Nicht viel, und manches Bittre nur.

LUZIFER So komm
Mit mir zu deiner Erd zurück und schmecke
Die übrigen von seinen Himmelsgaben.
Gut, bös ist, was es ist, im Wesen schon
Und wird nicht erst durch seinen Geber so.
Wenn Er euch Gutes tut, so preist Ihn drum,
Wenn aber Böses von Ihm kommt, so heißt
Es mein Werk nicht, bis ihr den wahren Quell
Entdeckt. Urteilt nach Worten nicht, selbst nicht
Nach Geisterwort! Nein, nach den Früchten nur,
Die euer Dasein, wie es sein muss, trägt.
Ein Gut hat jener schlimme Apfel euch
Gebracht: Vernunft! Lasst durch tyrannisch Drohn
Sie nie beherrschen und euch selber nie
In einen Glauben zwingen, gegen den
Der äußre Sinn, das innre Fühlen sich
Empört. Denkt und ertragt, und bildet euch

In eurem Innern eine Welt, wenn euch
Die äußre nicht genügt. So werdet ihr
Der geistigen Natur euch nähern und
Die eigene bekämpfen mit Erfolg.

Sie verschwinden.

VIII
DON JUAN

BRIEFE UND TAGEBUCHNOTIZEN AUS DEN JAHREN 1819–1821

Was ist am Ende Lügen? Lügen ist
Wahrheit im Maskenstaat. Schreibt mal Geschichte,
Historiker, Held, Priester und Jurist,
Die auf das Salz der Lüge ganz verzichte!

Das Versepos Don Juan *blieb unvollendet. Byron schrieb den Ersten Gesang bereits im September 1818, kurz nach Vollendung des* Childe Harold, *und arbeitete daran bis zu seinem Tod. Sechzehn Gesänge lagen bis März 1824 gedruckt vor. »Sie fragen mich nach dem Plan des ›Donny Johnny‹«, schrieb Byron am 12. August 1819 an seinen Verleger John Murray, »ich* habe *keinen Plan – ich* hatte *keinen Plan; aber ich hatte oder habe Materialien.« Durch diese »Materialien« geht Byron weit über seine Titelgestalt hinaus und eröffnet ein satirisches Panorama der Wirklichkeit seiner Zeit – gesellschaftlich, politisch und moralisch.*

Vorab

Der irische Dichter Thomas Moore zählte zu Byrons vertrautesten Freunden. Nach Byrons Tod wurde er zum Verwalter von dessen literarischem Nachlass bestellt. Byron hatte ihm in Venedig seine noch unveröffentlichten Memoiren anvertraut, geschrieben als Abrechnung mit sich selbst und seiner Umgebung. Moore protestierte vergebens dagegen, dass sie im Mai 1824 im Kamin des Londoner Verlegers Murray verbrannt wurden – so sehr fürchteten Byrons Nächste dessen »grässliche Aufrichtigkeit«. Auf der Grundlage der Memoiren legte Moore jedoch 1830 mit Letters and Journals of Lord Byron, with Notices of his Life *seine noch heute gültige Biographie über Byron vor.*

*

An Thomas Moore

Ravenna, 13. Juli 1820

… Zunächst ein Wort über die Memoiren. Ich habe kein Bedenken, nein, ich wünsche sogar, dass *eine* korrekte Kopie gemacht und ehrenhaften Händen anvertraut wird, falls dem Original etwas zustößt; denn Du weißt, ich habe keine Abschrift und habe den Inhalt nicht *noch einmal* durchgelesen, ja ihn überhaupt nicht *gelesen*. Ich weiß nur, dass ich die Memoiren mit der reinsten Absicht schrieb, in meinem Bericht »wahr und ehrlich« zu sein, aber *nicht* unparteiisch – nein, bei Gott! darauf kann ich keinen Anspruch machen, solange ich noch etwas fühle. Ich möchte allen, die es angeht, Gelegenheit geben, mir zu widersprechen, oder mich zu verbessern.

Ich habe nichts dagegen, wenn jede geeignete Person sieht, was darin geschrieben ist – damit sie sehen, dass die Memoiren wie alles übrige geschrieben sind, um gelesen zu werden, wie wenig es auch vielen Schriften gelingen mag, dies Ziel zu erreichen.

Zu der »Klemme«, in der ich mich befinden soll, ist zu sagen, dass der Papst *ihre Trennung* ausgesprochen hat [die junge Gräfin Teresa Guiccioli, Byrons letzte Liebe]. Das Dekret traf gestern aus Babylon ein – sie und ihre Freunde hatten auf Grunde des merkwürdigen Betragens ihres Gemahls (des edlen gräflichen Ritters) darauf bestanden. Er widersetzte sich mit aller Macht wegen der Unterhaltsrente, die ihr zugesprochen wurde, nebst ihrem ganzen Hab und Gut und ihrer Wagen, die er zurückgeben muss. In Italien gibt es keine Scheidung. Er bestand darauf, dass sie mich aufgeben solle, worauf ihr alles vergeben werde, selbst der Ehebruch, den er durch »berühmte Zeugen« beweisen zu können schwört. Aber in diesem Land haben gerade die Gerichte einen Abscheu vor solchen Beweisen, da die Italiener öffentlich um so viel delikater wie leidenschaftlicher in ihrem privaten Leben sind als die Engländer. (...)

Dein etc.

An John Murray

Ravenna 1. August 1819

(…) Ich habe vor kurzem an Mr. Hobhouse geschrieben und vorhergesagt, das *Juan* entweder ein kompletter Misserfolg oder ein uneingeschränkter Erfolg werden würde – dazwischen wird es nichts geben: die Anzeichen sind nicht günstig; aber da Sie am Tag nach der Veröffentlichung schreiben, ist schwer zu entscheiden, welche Meinung die Oberhand gewinnen wird. Sie scheinen Angst zu haben, und zweifellos nicht ohne Ursache. Komme, was will, ich werde nie und in keiner Form der Scheinheiligkeit der großen Menge schmeicheln: Umstände mögen mich oder mögen mich auch nicht zeitweise in die Lage gebracht haben, die öffentliche Meinung zu lenken, aber die öffentliche Meinung hat mich nie gelenkt, noch wird sie es jemals tun. (…)

*

Don Juan

Aus der Zueignung

Wer seine Lorbeern spart für spätre Welten
(Wo man die Erbschaft meistens gar nicht mag),
Der hat nicht viel – das kann als Regel gelten –,
Und er beschädigt sich durch eignen Schlag.
Aus der Vergangenheit taucht äußerst selten
Ein Nachruhm auf, wie aus dem Meer der Tag;
Gewöhnlich geht ein solcher Appellant –
Gott weiß wohin – uns bleibt er unbekannt.

Aus dem Ersten Gesang

Mir fehlt ein Held; ein sonderbarer Fehler;
Denn jährlich kündigt sich ein neuer an
Und überfüllt mit Humbug die Journäler,
Doch schließlich ist er nicht der rechte Mann.
Für diese Sorte ward ich nicht Erzähler,
Und darum nehm ich mir Don Juan –
Wir alle sahn ihn auf der Bühne oft,
Wie ihn der Teufel holte unverhofft.

Die meisten Dichter gehn »*in medias res*«
(Die Hauptchaussee des Epos nach Horaz),
Und dann erzählt der Held Vorgängiges
Als Episode oder Zwischensatz;
Nach Tische seiner Dam erzählt er es

An irgendeinem angenehmen Platz,
Schloss, Garten, Laube oder auch in Schlüchten,
Wohin die zwei sich statt ins Wirtshaus flüchten.

Dies ist die Art der meisten, meine nicht;
Mein Grundsatz ist, mit dem Beginn beginnen;
Die Strenge meines Plans macht mir zur Pflicht,
Sorgsam den Abschweifungen zu entrinnen;
Drum führt die erste Zeil in dem Bericht
(Sollt ich auch zehn Minuten daran spinnen),
Den Vater Don Juans in euren Kreis ein
Und seine Mutter auch – darf ich so frei sein.

Er war geboren in Sevillas Mauern,
Berühmt durch Weiber und Orangen – wer
Den Ort nicht kennt, den muss man sehr bedauern,
So sagt das Sprichwort – und ich sage: sehr!
Ganz Spanien beut nichts Schönres den Beschauern,
Cadiz vielleicht, jedoch das kommt nachher:
Am Flusse wohnten seine Eltern hier;
Der Fluss ist schön und heißt Guadalquivir.

Sein Vater – José, Don natürlich, Spross
Der gotischesten Ahnen, die es gab;
Kein Tröpfchen Blut von Mohr und Juden floss
Durch seinen Puls – Hidalgo bis ans Grab.
Kein bessrer Kavalier saß je zu Ross,
Und stieg, nachdem er aufsaß, wieder ab.
Don José zeugte Don Juan, und der
Erzeugte wieder – doch davon nachher.

Die Mutter war berühmt und hochstudiert
In allen Fächern der Gelehrsamkeit,
In jeder Sprache, die je existiert,
Und tugendhaft nicht minder als gescheit:
Die Klügsten fühlten sich vor ihr blamiert,
Die Besten seufzten innerlich vor Neid,
Weil alles, was die Frommen je erbaut hat,
Verdunkelt ward von dem, was diese Frau tat.

Und welch Gedächtnis! – So viel Lope schrieb
Und Calderón, sie wusst es aus dem Kopfe,
Und wenn im Schauspiel einer stecken blieb,
Sie half, wie ein Souffleur, dem armen Tropfe,
Sie brauchte kein Feinagelsches Prinzip,
Was sollte sie mit dem gelehrten Zopfe?
Sein künstliches Gedächtnis – Stückwerk schien es
Verglichen mit dem Hirn der Donna Inez.

Frau Inez war, bei allen guten Seiten,
Für ihren eignen Wert sehr eingenommen;
Gleichgültigkeit erbittert wohl zuzeiten
Die Frommsten, und ich zähl sie zu den Frommen;
Dann nahm sie Phantasien für Wirklichkeiten,
Dann war mit ihr unmöglich auszukommen,
Und sie verstand die Kunst, auch mit geringen
Hilfsmitteln ihren Herrn ins Pech zu bringen.

Dies war nicht schwer: er war ja ein Verbrecher
Und außerdem ein unvorsicht'ger Mann;
Die Klügsten haben wie die ärmsten Schächer
So schwache Stunden, dass den Schädel man
»Einschlagen könnt mit ihrer Frauen Fächer«,
Und Damen können hausen dann und wann;
Der Fächer wird in schöner Hand zum Degen,
Und keine Seele ahnt, wieso, weswegen.

Gelehrte Jungfraun sollten eigentlich
Nie einen Menschen ohne Bildung frein,
Auch keinen Weltmann, welcher sich
Langweilt im wissenschaftlichsten Verein.
Ich will dies Thema nicht breittreten; ich
Bin nur ein schlichter Mann und steh allein,
Wenn aber ein gelehrtes Weib 'nen Mann hat,
So wett ich drauf, dass sie die Hosen anhat.

José und Inez hielten denn zur Not
Zusammen aus; gewöhnlich wünschten sie
Einander, nicht geschieden, sondern tot.
Sie lebten äußerlich in Harmonie,
Anständig, wie die Sitte es gebot,
Und vor der Welt verriet ihr Zwist sich nie.
Bis die verhaltne Glut am Ende ausbrach,
Und sich die Sache unzweideutig aussprach.

Inez berief Doktoren und Drogisten,
Um darzutun, ihr lieber Mann sei toll;
Doch leider hatt er lichte Zwischenfristen,
Dann hieß es, er sei aller Laster voll,
Und wenn die Leute den Beweis vermissten,
Dann gab sie immer nur zu Protokoll,
Sie sei es Gott und Menschen schuldig, ihn
So zu behandeln – was sehr seltsam schien.

Sie buchte förmlich ihres Manns Fauxpas
Und öffnete Billets und Schreibtischfächer,
Und ganz Sevilla war als Helfer da,
Um zu verdammen diesen Ehebrecher
(Selbst ihre alte gute Großmama),
Und aus den Hörern wurden Weitersprecher,
Dann Advokaten, Richter mit der Zeit,
Teils zum Vergnügen, teils aus Groll und Neid.

Und diese edle fromme Frau ertrug
So still und heiter ihres Gatten Plagen –
An Spartas Fraun erinnert dieser Zug,
Die ruhig, ohne nur ein Wort zu sagen,
Zusahn, wenn jemand ihren Mann erschlug.
Sie hörte ruhig Schmähungen und Klagen
Und nahm so unerschüttert jeden Stoß hin,
Dass alle Leute riefen: »Welcher Großsinn!«

Dass unsre Freunde, wenn man uns zerreißt,
Geduldig sind, das ist Philosophie;
Auch tut es wohl, wenn man euch edel preist,
Zumal, wenn euer Kram dabei gedieh;
Und was bei Rechtsgelehrten *dolus* heißt,
Steckt ja in diesem Gehenlassen nie:
Rachsucht ist zwar nicht hübsch, das muss man sagen,
Doch *ich* bin schuldlos, wenn dich andre schlagen.

Erst rieten ihre Freunde zum Vertragen,
Dann die Verwandten, was nur Schaden tat
(Schwer zu entscheiden ist's in solchen Lagen,
Wen man ersuchen soll um guten Rat –
Für Freund' und Vettern ist nicht viel zu sagen),
Zur Scheidung drängte Inez' Advokat,
Doch eh er noch sein Honorar erwarb,
Geschah es leider, dass José verstarb.

Juan war einz'ger Erbe aller Güter
Und etlicher Prozess am Lehnsgericht,
Und Minderjährigkeit und gute Hüter
Verschlechtern meistens ein Vermögen nicht.
Sein Vormund war die beste aller Mütter,
Wie es den Rechten der Natur entspricht;
Denn einer Witwe einz'ger Sohn wird minder
Verkehrt erzogen als die andern Kinder.

Eins aber war, was sie so hoch taxierte,
Dass sie es selbst besorgte – einerlei,
Wie viele Lehrer sie auch engagierte:
Dass seine Bildung streng moralisch sei.
Sie prüfte sorgsam, was ihr Sohn studierte,
Und was ihr vorgelegt war, mochte frei,
Kunst oder Wissenschaft, beim Unterrichte
Vorkommen, aber nicht Naturgeschichte.

Die Sprachen, namentlich die toten Zungen,
Die Wissenschaften, zumal die abstrusesten,
Die Künste, das heißt solche, die dem Jungen
Nichts nützen konnten – alle diese Musen
Kannt er und war schon rüstig vorgedrungen;
Doch was vergiften kann den jungen Busen,
Was anspielt auf die Fortpflanzung der Rasse,
Blieb fern, damit er stets das Laster hasse.

Mit sechs war er ein allerliebstes Kind,
Mit zwölf ein hübscher, aber stiller Junge;
Sie hatten diesen kleinen Sausewind
Gezähmt in ihrer Mitt und von dem Schwunge,
Der ihm natürlich war, entwöhnt. So sind
Die Mütter einmal. Unsrer Witwe Zunge
Ward gar nicht müde, ihren jungen weisen,
Ehrbaren Philosophen laut zu preisen.

Juan ward sechzehn alt in sichrer Hut,
Groß, hübsch und schlank, doch fest gebaut. Er schien
Alert, doch frei von Pagenübermut,
Und jeder, nur Mama nicht, achtet' ihn
Beinah als Mann; sie aber biss vor Wut
Sich auf den Mund (sonst hätte sie geschrien),
Wenn jemand davon sprach. Vorzeit'ges Reifen
Schien ihr an das Entsetzliche zu streifen.

Juan durchstreifte Wald und Wiesenstrecken
Und dachte viel, was unaussprechlich ist;
Er warf sich hin in laubigen Verstecken,
Da wo des Korkwalds grüne Wildnis sprießt,
Wo Dichter Stoff für ihren Vers entdecken
Und unsereins die letztren manchmal liest,
Wenn gut der Plan ist und der Stil zu loben
Und nicht, wie Wordsworth, dunkel und verschroben.

Er dacht an sich und an die ganze Erde,
Und an das Wunder Mensch; ans Firmament,
Erdbeben, Kriege, heiße Kratererde,
Und wo das alles herkommt, Sakrament!
Und wie der Mondumfang gemessen werde,
Und ob die Luftballons als Instrument
Zu himmlischen Entdeckungsreisen taugen –
Und schließlich dacht er dann an Julias Augen.

Die langen Träumerein und stillen Gänge
Entgingen Julias schönen Augen schwerlich:
Sie sah, dass irgendwas Juan bedränge.
Eins aber ist und bleibt mir unerklärlich,
Dass Inez ihren Sohn nicht in die Enge
Mit Fragen trieb. Hielt sie's für ungefährlich?
Verschmähte sie zu sehen? war sie blind?
Wie alle sehr gescheiten Leute sind?

Der Mensch ist uns ein Rätsel; merkt euch das,
Der Wunder größtes, lasst euch das genügen;
Eins in der schönen Welt ist schade, dass
Vergnügen Sünd und Sünde meist Vergnügen.
Ein jeder sucht ein Ziel und weiß kaum was,
Macht, Reichtum, Ehre, Lieb in vollen Zügen,
Und immer ist der Weg vertrackt, und wann
Das Ziel erreicht ist, sterben wir – und dann …

*

Tagebuchnotizen

Ravenna, 5. Januar 1821

(...) Höre den Wagen – lasse mir wie üblich den Mantel und die Pistolen bringen – notwendige Artikel. Wetter kalt – Wagen offen und die Bewohner etwas wild – recht tückisch und sehr erregt durch die Politik. Aber feine Burschen – gutes Material für eine Nation. Aus dem Chaos schuf Gott eine Welt, und aus großen Leidenschaften wird ein Volk.

Uhr schlägt – auf zur Liebesstunde. Etwas gefährlich, aber nicht unangenehm. Memorandum – heute eine neue spanische Wand aufstellen. Sie ist etwas altertümlich, aber wird mit einer kleinen Reparatur ihren Zweck erfüllen ...

Ravenna, 6. Januar 1821

Nebel – Tau – Pfützen – Regen. Nicht an Reiten zu denken. Las in Spencer's *Anekdoten*. Pope ein feiner Kerl – hielt ihn immer dafür ... Schrieb ein Epigramm ... und eine Fußnote zu *Don Juan* ...

Die Krähe hinkt auf einem Fuß – wie ist das geschehen? – irgendein Tölpel hat ihr draufgetreten, nehme ich an. Der Falke sehr lebhaft – die Katzen groß und lärmend – nach den Affen habe ich seit dem kalten Winter nicht gesehen, da sie leiden, wenn man sie aufziehen will. Pferde sollen munter sein – muss reiten, sobald es das Wetter zulässt. Noch immer verdammt feucht – ein italienischer Winter ist eine traurige Sache, aber alle anderen Jahreszeiten sind bezaubernd.

Was ist der Grund, warum ich mein Leben lang mehr oder weniger *ennuyé* war? und dass ich es jetzt eher weniger als mit zwanzig Jahren bin, soweit ich mich erinnern kann? Ich weiß darauf keine Antwort, aber nehme an, dass es mit meiner Anlage zusammenhängt, – ebenso wie das Aufwachen in gedrückter Stimmung, was ich seit Jahren ständig tue. Enthaltsamkeit und körperliche Übungen, die ich mitunter und einmal eine ganze Zeit hindurch kräftig und lebhaft betrieb, haben wenig oder nichts daran geändert. Heftige Leidenschaften taten es – unter ihrem unmittelbaren Einfluss war ich – seltsam, aber wahr – in erregter, aber *nicht* niedergeschlagener Stimmung. Riechsalz wirkt auf mich vorübergehend wie leichter Champagner. Dagegen machen mich Wein und Spirituosen mürrisch und brutal bis zur Wildheit – aber schweigsam und zurückhaltend und nicht streitsüchtig, sofern man mich nicht anredet. Auch Schwimmen hebt meine Laune – aber im allgemeinen ist sie schlecht und wird täglich schlechter. Das ist hoffnungslos; denn mir scheint, ich bin jetzt nicht so *ennuyé* wie mit neunzehn. Der Beweis dafür ist, dass ich damals spielen und trinken oder irgendetwas treiben musste, sonst war ich elend. Jetzt kann ich in Ruhe Trübsal blasen und bin lieber allein als in Gesellschaft – ausgenommen der Dame, der ich diene …

*

Don Juan

Aus dem Ersten Gesang

Doch nun ist grau mit dreißig schon mein Haar
(Wie wird es erst mit vierzig sein? Ich dachte
An 'ne Perücke schon vergangnes Jahr),
Mein Herz ist nicht viel frischer – kurz ich machte
Schon meinen Sommer ab, als Mai noch war,
Und fühle keinen Mut zum Streit; ich brachte
Mein Leben durch, so Kapital wie Zins,
Und rühme mich nicht mehr sieghaften Sinns.

Nie mehr, nie mehr, o nie mehr wird der Tau
Die Frische meines Herzens mich durchdringen
Und meiner Brust aus jeder holden Schau
Stets neue liebliche Gefühle bringen,
So wie die Biene Honig bringt zum Bau:
Glaubst du, der Honig quell in jenen Dingen?
Ach, nicht in ihnen – deine eigne Macht
Ist's, die den Duft der Blume süßer macht.

Nie mehr, nie mehr, mein Herz, o niemals mehr
Kannst du mein Weltall sein, du ganz allein!
Alles in allem einst, nun aber leer,
Kannst du mir weder Fluch noch Segen sein:
Die Täuschung floh und ohne Wiederkehr,
Und du bist stumpf; jedoch ich bracht es ein,
Statt deiner ward mir ein gut Teil Vernunft –
Mich wundert nur, wo fand sie Unterkunft?

Tagebuchnotizen

Ravenna, Sonntag, 7. Januar 1821

Immer noch Regen – Nebel – Schnee – Nieseln und all die unberechenbaren Kombinationen eines Klimas, wo Wärme und Kälte um die Herrschaft ringen ... Um acht in Gesellschaft. Fand dort die Gräfin Geltrude, Betti V. und ihren Mann und andere. Hübsche schwarzäugige Frau das – nur neunzehn – gleichaltrig mit Teresa, die aber hübscher ist.

Der Graf Pietro G(amba) nahm mich beiseite, um mir zu sagen, die Patrioten hätten aus Forlì (zwanzig Meilen entfernt) Nachricht erhalten, dass die Regierung und ihre Partei heute Nacht einen Handstreich beabsichtigten, dass der hiesige Kardinal Befehl erhalten habe, sofort verschiedene Verhaftungen vorzunehmen, und dass sich die Liberalen daraufhin bewaffnet und Posten auf den Straßen aufgestellt haben, um Alarm zu schlagen und das Zeichen zum Kampf zu geben.

Er fragte mich, was geschehen solle. Ich gab zur Antwort, »leistet Widerstand, anstatt euch einzeln ergreifen zu lassen«, und erbot mich, jeden von ihnen, dem eine Verhaftung drohe, in mein Haus aufzunehmen (das verteidigt werden kann) und sie mit meinen Dienern und ihnen selber (wir haben Waffen und Munition) so lange wie möglich zu verteidigen – oder den Versuch zu machen, sie unter dem Schutz der Nacht wegzubringen. (...)

In einer halben Stunde ist Mitternacht, und es regnet draußen; – wie Gibbet sagt, »eine vortreffliche Nacht für ihr Unternehmen, schwarz wie die Hölle, und es bläst wie der Teufel«. Wenn es *jetzt* nicht zum Kampf kommt, muss es bald geschehen. Ich war immer der Ansicht, dass ihre systematische Art,

Menschen zu erschießen, bald eine Reaktion nach sich ziehen würde – und jetzt scheint es so weit zu sein. Obwohl ich etwas aus der Übung bin, will ich bei einem Kampf meinen Mann stellen, so gut ich kann. Es geht um eine gute Sache. (...)

Erwarte jeden Augenblick die Trommel und Gewehrfeuer zu hören (...), aber ich höre nichts außer dem Plätschern des Regens und den Windstößen dazwischen. Mag nicht zu Bett gehen, denn ich hasse geweckt zu werden, und will lieber aufbleiben und auf den Krawall warten, wenn es dazu kommt.

Warf Kohlen auf die Glut – habe die Waffen bei der Hand – und ein paar Bücher, in denen ich blättern werde. Ich kenne ihre Zahl nicht, aber ich halte die Carbonari für stark genug, um selbst hier die Truppen zu schlagen. Mit zwanzig Mann könnte dieses Haus vierundzwanzig Stunden gegen jeden Feind verteidigt werden; und inzwischen würde das Land davon Kenntnis erhalten und sich erheben, wenn sie sich je erheben werden, was nicht ganz sicher ist. Inzwischen kann ich, da ich allein bin, ebenso gut lesen wie etwas anderes tun.

Montag, 8. Januar 1821

(...) Wie werden sich diese Italiener wohl in einem regelrechten Kampf benehmen? Manchmal glaube ich, sie werden sich wie der Ire mit seinem Gewehr (jemand hatte ihm ein krummes verkauft) nur dazu eignen, »um die Ecke zu schießen«; wenigstens haben sich ihre Unternehmungen in der letzten Zeit auf diese Art Schießerei beschränkt. Und doch ist etwas an diesem Volk, darunter eine edle Energie, wenn sie gut gelenkt wird. Aber wer soll sie lenken? Macht nichts. Solche Zeiten gebären Helden. Schwierigkeiten befeuern den Geist, und

Freiheit ist die Mutter der wenigen Tugenden, die der menschlichen Natur gegeben sind.

Dienstag, 9. Januar 1821

… Ging um acht aus – hörte ein paar Nachrichten. Wie man sagt, hat der König von Neapel durch Kuriere aus Florenz den *Mächten* (wie man jetzt diese gekrönten Lumpen nennt) erklären lassen, dass seine Verfassung Zwangscharakter habe etc., etc. und dass die österreichischen Barbaren wieder *Kriegs*sold erhielten und marschieren würden. Sollen sie – – – – die Höllenhunde! … Hörte Musik. Um neun die üblichen Besucher – Neuigkeiten, *Krieg* und Kriegsgerüchte. Beriet mich mit P. G. etc. Sie haben die Absicht, sich hier zu *erheben*, und wollen mich mit einer Aufforderung zur Mitwirkung beehren. Ich werde mich nicht entziehen, obwohl ich sie weder für stark noch für herzhaft genug halte, um viel daraus zu machen. Aber, *vorwärts*! – die Zeit zum Handeln ist gekommen, und was bedeutet die *eigene* Person, wenn ein einziger Funke dessen, was der Vergangenheit würdig wäre, unauslöschlich der Zukunft vermacht werden kann. Es geht nicht um einen Mann oder eine Million, sondern um den *Geist* der Freiheit, der sich ausbreiten muss. (…)

Samstag, 13. Januar 1821

(…) Aß zu Abend – Nachrichten eingetroffen – die *Mächte* wollen Krieg gegen die Völker führen. Die Nachricht scheint wahr zu sein – sei es drum – sie werden doch geschlagen werden. Die Zeiten der Könige neigen sich rasch ihrem Ende zu. Blut wird wie Wasser vergossen werden und Tränen wie leichter Regen. Aber die Völker werden schließlich siegen. Ich werde es nicht mehr sehen, aber ich sehe es voraus …

Don Juan

Aus dem Dritten Gesang

[Juan] war ein Mann, der Wechsel viel erfuhr
Und stets dem Wechsel treu, wie ein Magnet, war,
Nur dass sein Pol kein Fixstern im Azur,
Vielmehr ein zirkulierender Planet war.
Geduckten Haupts mied er die seidne Schnur,
Und da er, wenn gesättigt, sehr beredt war
Und recht mit Inbrunst und Bewusstsein log,
So kam der Sold ihm zu, den er bezog.

Er kannte Franken, Griechen, Muselman,
Er kannte aller Völker Eitelkeit,
Er schloss sich Leuten jeden Ranges an
Und hatte stets ein Kompliment bereit,
Wodurch er Dank und wenig Geld gewann;
Er änderte sein Lob nach Ort und Zeit:
»In Rom zu tun, was Römer tun«, den Rat
Fand er in Griechenland durchaus probat.

Er sang, sobald die Leute sagten »Sing!«
Bei jeder Nation national,
Was just im Schwange war. »*God save the King!*«
Und »*Ça ira!*« – es war ihm ganz egal.
Sein Genius fand sich bald ab mit jedem Ding,
Hoch lyrisch bald, bald flach rational;
Pindar besang Wettrennen, sollt er minder
Kulant sich zeigen als ein Mann wie Pindar?

In Frankreich schrieb er Chanson, Madrigal,
In England Epopöen in sechs Gesängen,
In Spanien (ebenso in Portugal)
Romanzen, die den letzten Krieg besängen;
In Deutschland würd er (siehe Frau de Staël)
Auf Goethes Pegasus ins Treffen sprengen;
In Welschland zirpt' er wie ein Trecentista,
In Griechenland säng er ein Lied wie dies da:

Dies Inselland in Ägeus' See,
An Küsten reich und groß im Krieg,
Wo Sappho sang ihr glühend Weh,
Wo Delos aus den Fluten stieg,
Noch strahlt ihr Lenz, ihr Himmel lacht,
Das andre all versank in Nacht!

Die Berge schaun auf Marathon,
Und Marathon schaut auf die See:
Da stand ich einst und träumte schon,
Dass Hellas aus dem Grab ersteht;
Wo Hellas' Speer den Perser traf,
Da war im Träumen frei der Sklav.

So sang er oder konnte und sollt er singen,
Und seine Verse waren mäßig gut;
Ein Lied des Orpheus mochte besser klingen,
Heut gilt schon viel, wer etwas leidlich tut;
Gefühl schien diese Strophen zu durchdringen,
Und Glut des Dichters weckt des Hörers Glut;
Nur lügt das Völkchen so und nimmt behende
Verschiedne Farben an, wie Färberhände.

Doch Wort ist Tat. Ein Tröpfchen Tint entfacht
(Wenn es wie Tau auf den Gedanken fällt),
Was Tausend, ja Millionen denken macht.
Seltsam, ein kleiner Buchstab oft erhellt
Mit dauerhaftem Licht der Zeiten Nacht!
Wie Mutter Zeit den armen Menschen prellt!
Papier, ein Fetzen, so wie dies, besteht,
Wenn er, sein Grab, sein Alles untergeht.

Wenn sein Gebein verwest, sein Staub verfolgen,
Und selbst sein Volk verschollen, ohne Spur,
Bis auf den Platz im Buch der Chronologen,
Dann macht ein Rest verwitterter Skriptur,
Ein alter Stein vielleicht, hervorgezogen
Aus einer aufgewühlten Kellerflur,
Aus einer Senkgrub ausgehobnem Grunde,
Des Toten Namen noch zum seltnen Funde.

*

Tagebuchnotiz

Ravenna, 23. Januar 1821

Schöner Tag. Las – ritt aus – schoss mit Pistolen und kam heim. Gegessen – gelesen. Ging um acht aus – machte den üblichen Besuch. Hörte nichts als Krieg … Kam nach Haus und gab ein paar notwendige Befehle, falls die Umstände einen Ortswechsel erfordern. Ich werde tun, was geeignet erscheinen mag, sobald ich zuverlässig erfahre, was die Barbaren zu tun gedenken. Zur Zeit bauen sie eine Schiffsbrücke über den Po, was sehr nach Krieg aussieht. In ein paar Tagen wird man wahrscheinlich Näheres wissen. Ich denke mich in Richtung auf Ancona, näher an die nördliche Grenze, zurückzuziehen; das heißt, wenn Teresa und ihr Vater fliehen müssen, was sehr wahrscheinlich ist, da die ganze Familie aus Liberalen besteht. Wenn nicht, werde ich bleiben. Meine Reiseentschlüsse hängen von den Wünschen meiner Dame ab – mir selber ist alles gleich …

*

Don Juan

Aus dem Vierten Gesang

Die Zeit bringt jedermann auf sein Niveau,
Und scharfe Not lehrt jedes Menschenkind
(Und hoffentlich den Teufel ebenso),
Dass unsre Geister nicht so riesig sind.
Solang die Glut der Jugend brennt wie Stroh,
Weiß man das nicht, das Blut fließt zu geschwind:
Doch, wie der Bergstrom langsam schleicht ins Weltmeer,
So wird man ernst, und kein Gebraus gefällt mehr.

Als Knabe hielt ich mich für recht gescheit
Und wünschte, andre teilten meinen Glauben;
Sie taten's auch in meiner reifren Zeit,
Und meine Herrschaft war mir nicht zu rauben;
Nun aber kommt der Herbst im gelben Kleid,
Die Flügel meiner Phantasie verstauben,
Die trübe Wahrheit hockt an meinem Tische
Und macht burlesk das vormals Schwärmerische.

Ich lache dann und wann, um nicht zu weinen,
Und weine, weil der Mensch nicht Tag für Tag
Sich zwingen kann, in Stumpfsinn zu versteinen;
Erst muss in Lethes Strom des Herzens Schlag
Stillstehen, eh der Friede wird erscheinen,
Eh das entschläft, was keiner schauen mag.
Irdische Mütter würden Thetis' Knaben
In Lethe statt im Styx gebadet haben.

Man wirft mir vor, ich greife Glauben, Ehe
Und Sittlichkeit des Volks planmäßig an,
Was man in jeder Zeile deutlich sehe.
Ich sage nicht, dass ich, was ich getan,
Ich meine die Motive, selbst verstehe,
Nur eins steht fest: Ich hatte keinen Plan,
Als dass ich gern ein bisschen lustig wär –
Ein neues Wort in meinem Diktionär.

Das Herz, das brechen kann! – Dreimal beglückt
Der, dessen Herz, vom feinsten Porzellan
Des Menschentons, beim ersten Stoß zerstückt!
Er darf nicht schauen, was wir andern sahn,
Das Blei der Jahre, das uns niederdrückt,
Was wir verschmerzt und niemals kundgetan;
Jedoch dies Rätselleben oft in denen
Am tiefsten wurzelt, die den Tod ersehnen.

»Wen Zeus liebt, der stirbt jung«, sagt Herodot,
Und manchem Tode wird er so entrückt,
Dem Tod der Freunde und dem schlimmren Tod

Der Freundschaft, Liebe – alles, was beglückt!
Da doch das stille Ufer jedem droht,
Auch wenn der Schnitter spät die Sense zückt,
So ist das frühe Grab, um das man weint,
Vielleicht als rettendes Geschenk gemeint.

*

Tagebuchnotizen

Ravenna, 26. Januar 1821
Schöner Tag – ein paar Federwolken verkünden Wetterwechsel, aber der Himmel ist fast ganz klar. Ritt aus – schoss mit Pistolen – viele Treffer. Auf dem Rückweg sah ich einen alten Mann. Eine milde Gabe – der Gegenwert eines Schillings für mein Seelenheil. Wenn das gekauft werden kann, habe ich meinen Mitmenschen in meinem Leben mehr gegeben – manchmal für Laster, aber, wenn auch nicht *öfter*, so doch mindestens *beträchtlicher* für die Tugend – als ich jetzt besitze. Ich habe in meinem Leben nie einer Geliebten so viel gegeben wie einem armen Mann in Not; aber einerlei. Die Schurken, die mich die ganze Zeit verfolgt haben, werden triumphieren. Und wenn mir Gerechtigkeit widerfährt, wird es erst sein, wenn diese Hand, die das schreibt, so kalt ist wie die Herzen derer, die mich verwundet haben … (…).

Ravenna, 2. Februar 1821
Ich habe darüber nachgedacht, was der Grund sein kann, weshalb ich immer zu einer bestimmten Stunde morgens aufwache und immer in sehr schlechter Stimmung – ich möchte so-

gar sagen, in wirklicher Mutlosigkeit und Verzweiflung in jeder Hinsicht – selbst über die Dinge, die mir während der Nacht gefallen haben. In etwa einer oder zwei Stunden legt sich das und ich schicke mich an, entweder wieder einzuschlafen oder mich wenigstens zu beruhigen. In England hatte ich vor fünf Jahren die gleiche Art von Hypochondrie, aber von einem so heftigem Durstgefühl begleitet, dass ich in einer Nacht nicht weniger als fünfzehn Flaschen Sodawasser trank, nachdem ich zu Bett gegangen war, und dann war ich immer noch durstig – wobei ich freilich in Rechnung zog, dass ein paar Flaschen durch das Übersprudeln und Überschäumen des Sodawassers verlorengingen, wenn ich die Korken herauszog, oder aus schierer durstiger Ungeduld die Flaschenhälse durchschlug. Jetzt habe ich diesen Durst *nicht*; aber die Gemütsdepression ist nicht minder heftig. (...)

Was sich bei mir vor allem zu steigern scheint, sind Trägheit und ein allgemeiner Widerwille, der mächtiger ist als bloße Gleichgültigkeit. Ich vermute, ich werde, wenn nicht früher durch einen Unfall oder ein ähnliches Ende, wie Swift »vom Kopf her sterben«. Ich gestehe, dass ich dem nicht mit solchem Entsetzen entgegensehe, wie Swift es offenbar schon einige Jahre tat, bevor es eintrat. Aber er hatte zu dieser Zeit (er war dreiunddreißig) kaum mit dem Leben begonnen, während ich mich schon recht alt fühle. Oh! da spielt eine Orgel auf der Straße – und noch dazu einen Walzer! Ich kann nicht mehr weiterschreiben und muss zuhören. Man spielt einen Walzer, den ich zwischen 1812 und 1815 zehntausendmal auf den Londoner Bällen gehört habe. Musik ist eine seltsame Sache.

*

Don Juan

Aus dem Achten Gesang

O Höll und Teufel! Donner, Blitz und Mord!
Das sind vulgäre Flüch im groben Stil,
Denkt hier der zarte Leser. Auf mein Wort,
Er hat ganz recht. So aber wird das Ziel
Des Ruhms erkämpft, und da an diesem Ort
Die Muse solche Dinge schildern will,
So ruft sie auch sie an. Man nennt es Mars,
Bellona, was ihr wollt – Totschlagen war's.

Bereit war alles, Feuer, Schwert und Hand,
Um sie zu schwingen als furchtbare Wehr.
Mit Sehn und Nerv zum Morden angespannt,
Wie aus der Höhl ein Löwe, schritt das Heer,
Die Menschen-Hydra! Unheil atmend, wand
Sie sich aus ihrem Pfuhl und kroch daher,
Statt Köpfe Helden, die, umsonst gemäht,
Sich stets erneuern mit Rapidität.

Geschichte nimmt die Dinge nur en gros;
Wenn wir sie im Detail vor Augen sähen,
Wie viel der Krieg arm macht, wie wenig froh,
So würden wir vielleicht den Kriegsruhm schmähen,
Der so viel Korn vergeudet bloß um Stroh,
Um etwas mehr Gebiet und mehr Trophäen.
Das Trocknen einer Trän ist wahrer Ehre
Näher als das Vergießen blut'ger Meere.

Juan war recht »'ne Brüh von einem Jungen«,
Ein Kind der Leidenschaft und Poesie,
Bald vom Gefühl des Glücks emporgeschwungen
(Ihr könnt auch sagen, von der Phantasie),
Bald wieder, wenn zum Mordhandwerk gezwungen
In trefflicher Gesellschaft, die ja nie
Bei Sturm und Schlachten fehlt und solchen Scherzen,
Sich nützlich machend mit vergnügtem Herzen,

Doch ohne Bosheit stets. Er liebt' und focht
Mit dem, was man die »beste Absicht« nennt,
Dem Trumpf, auf den der Mensch gewöhnlich pocht,
Wenn ihm das Feuer auf den Nagel brennt.
Held, Staatsmann, Anwalt, wer den Brei verkocht,
Behauptet stets im kritischen Moment,
Er hab es *gut gemeint*; es ist nur schade,
Dass solches Meinen »pflastert Höllenpfade«.

Dies war für Don Juan die erste Schlacht.
Da stummer Nachtmarsch gegen Feindeswerke
Viel wen'ger Mut als ein Triumphzug macht,
So fröstelt' er und gähnt', und ich bemerke,
Dass er zuweilen in die Wolkennacht,
Die am gestreiften Himmel hing wie Stärke,
Hinaufsah, so als sehn er sich nach Licht –
Indes bei alledem: weg lief er nicht.

Aus dem Zehnten Gesang

Als Newton einen Apfel fallen sah,
Fand er in diesem Apfel (wie es heißt,
Verbürgen kann ich's nicht), er fand allda
Die Formel, die aufs deutlichste beweist,
Dass diese Welt (man nennt es »Schwerkraft« ja)
In einem Wirbel ganz natürlich kreist;
Der erste Mensch seit Adam, dem's auf Erden
Gelang durch Fall und Apfel groß zu werden.

Mit Äpfeln fiel der Mensch und stieg mit ihnen,
Wenn's wahr ist. Denn die Kraft in Newtons Hirne,
Die Straßen fand, wo Straßen nie erschienen,
Durch damals ungepflasterte Gestirne,
Muss uns zum Trost in unserm Elend dienen.
Denn schwanger ist seitdem der Menschen Stirne
Von allerlei Mechanik; nächstens thront
Er mittels Dampfkraft oben auf dem Mond.

Ich fahr dem Wind auch ins Gesicht; für Sterne
Ist allerdings mein Teleskop zu matt,
Doch segl ich mindestens in weiter Ferne
Vom vielbetretnen Strand; an dessen Statt
Streift ich das Meer der Ewigkeiten gerne.
Leicht ist mein Boot, doch fährt es scharf und glatt
Durch Brandungsdonner und wer weiß? es hält
Sich flott vielleicht, wo manches Schiff zerschellt.

Zu sterben war Juan nun nicht gesonnen;
Er stand im Brennpunkt solcher Herrlichkeit!
Wie sie durch Gunst des Mondes wird gewonnen
Und Weibergunst. Sie währt nicht lange Zeit,
Mag sein – doch wer verschmäht die Junisonnen,
Bloß weil es im Dezember künftig schneit?
Im Gegenteil, hofiert dem Sonnenschein
Und sammelt Wärme für den Winter ein.

Juan, der in Idee und Wirklichkeit –
Das läuft auf eins hinaus, denn was ihr denkt,
Bleibt, wenn ihr Denker wen'ger wirklich seid,
Als was ihr dachtet. Geist wird nicht versenkt
Und wehrt sich gegen's Fleisch in tapfrem Streit,
Obwohl man sich verblüfft fühlt und beschränkt
Am Saume dessen, was man »Jenseits« nennt,
Und einsieht, dass man nichts als Nacht erkennt.

Ich fürchte, dass Juan um diese Zeit,
Von Jugend und Verführungen bestrickt,
Ein bisschen locker ward. Es tut mir leid,
Weil dies die frischeren Gefühl erstickt,
Und außerdem weil schwache Menschlichkeit
Verschiedne Laster gar zu leicht verquickt;
Der Trieb der Selbstsucht wächst, verschlossen haust er
In unsrer Brust und macht das Herz zur Auster.

*

VIII. KAPITEL

Detachierte Gedanken

15. Oktober 1821

(…) Manche haben sich über die Melancholie gewundert, die durch meine Schriften geht. Andere haben sich über mein heiteres Wesen gewundert; doch ich erinnere mich, dass einst nach einer Stunde, in der ich in Gesellschaft ganz besonders und aufrichtig heiter war und im Gespräch glänzte, meine Frau mir eine Antwort gab, als ich auf die Bemerkung über meine ausgelassene Laune ihr sagte, »und doch, Bell, hat man mich melancholisch genannt und gescholten – wie falsch das ist, musst du oft gesehen haben«. »Nein, B.«, antwortete sie, »so ist es nicht: *innerlich* bist du der melancholischste aller Menschen oft gerade dann, wenn du anscheinend am heitersten bist.«

Könnte ich ausführlich die *wirklichen* Ursachen schildern, die dazu beigetragen haben, diese mir vielleicht *angeborene* Eigenschaft zu steigern, diese Melancholie, die aus mir ein Sprichwort gemacht hat, dann würde sich niemand wundern. Aber ich kann es nicht tun, ohne viel Unheil anzurichten. Ich weiß nichts von den vergangenen Leben anderer Menschen, aber ich kann mir nichts Seltsameres vorstellen als einige Abschnitte aus meinem früheren Leben. Ich habe meine Memoiren geschrieben, aber alle wirklich *folgenreichen* und *wichtigen* Teile ausgelassen, aus Rücksicht auf die Toten und die Lebenden und auf jene, die beides sein müssen. (…)

*

Don Juan

Aus dem Vierzehnten Gesang

Wenn man in dieses Daseins Finsternissen
Nur einen Gran Gewissheit könnt erwerben,
So können wir die rechte Straße wissen,
Doch würd es viel Philosophie verderben.
System wird von Systemen totgebissen,
Wie weiland von Saturn die eignen Erben;
Denn als sein frommes Weib ihm Steine gab
Statt Söhne, ließ er von den letztern ab.

Nur kehrt der Philosoph sie um, die Mahlzeit,
Und frisst die eignen Eltern, die der Magen
Oft schwer verdaut. Seht selbst, die ihr so prahlt, seid
Ihr völlig fest in irgendwelchen Fragen?
Schaut rückwärts ins Vergangne, eh ihr allzeit
Euch bindet, stets dasselbe Joch zu tragen.
Nichts sichrer, als den Sinnen *nicht* zu trauen,
Und doch, was habt ihr sonst, um drauf zu bauen?

Ich brachte diese Welt mir auf den Hals
Und auch die andre, nämlich die Pastoren;
Sie krachen mir mit Donner graus'gen Schalls,
Ich meine fromme Schriften, in die Ohren.
Einmal per Woche reim ich jedenfalls,
Obwohl ich ein'ge Leser schon verloren.
Einst schrieb ich, weil das Herz mir überwallte,
Jetzt, weil ich fühl, als ob es mir erkalte.

Doch warum drucken? Ruhm und Vorteil ist
Kein Lohn mehr für ein schal gewordnes Leben.
Dagegen frag ich: Warum spielt ihr Whist?
Und trinkt? Und lest? – Der Stunden Druck zu heben.
Ich schreib, ein rückwärts blickender Chronist,
Erlebtes auf; es unterhält mich eben;
Und was ich schreibe, mag im weiten Raum
Der Wind verwehn – hatt ich doch meinen Traum.

*

Detachierte Gedanken

15. Oktober 1821
(…) Meine Leidenschaften entwickelten sich sehr früh – so früh, dass mir nur wenige glauben würden, wenn ich die Zeit und die Begleitumstände angeben wollte. Vielleicht war dies einer der Gründe, die zu der früh vorweggenommenen Melancholie meiner Gedanken führten – da ich das Leben schon vorweggenommen hatte.

Meine früheren Gedichte sind die Produkte eines Menschen, der mindestens zehn Jahre älter ist, als er war, während er sie schrieb; ich meine nicht ihren inneren Wert, sondern die darin ausgedrückte Erfahrung. Die ersten zwei Cantos des Childe Harold beendete ich in meinem zweiundzwanzigsten Jahr, und sie sind wahrscheinlich von einem Mann geschrieben, der älter ist, als ich wahrscheinlich je werde.

Wenn ich noch einmal zu leben hätte, weiß ich nicht, was ich an meinem Leben ändern würde, es sei denn *überhaupt nicht gelebt zu haben.* Der Verlauf der Geschichte, die Erfahrung und alles übrige lehren uns, dass Gut und Böse ziemlich gleichmäßig in diesem Dasein verteilt sind und dass man nichts so heiß ersehnen kann wie einen leichten Weg aus diesem Leben heraus.

IX
GRIECHENLAND

Der Kampf für die Freiheit

Wer frei sein will, der schlage selbst die Schlacht!

Seit 1822 hatte Byron den griechischen Freiheitskampf gegen das Osmanische Reich mit großen Geldbeträgen unterstützt – in der Überzeugung, dass die Zukunft Griechenlands Einfluss auf die Zukunft des gesamten europäischen Kontinents haben würde. Ende Juli 1823 ging er in Genua an Bord der »Herkules«. Sein Ziel war Kephalonia. Am 5. Januar 1824 wurde er »wie ein rettender Engel« von Alexandros Mavrokordatos, Kommandant der Aufständischen in Westgriechenland beim Ausbruch der Kämpfe 1821, in Mesolongi willkommen geheißen. An Ort und Stelle merkte Byron schnell, wie eigensinnig und zerstritten die Griechen waren. Er war tief enttäuscht, ließ aber nicht in seinem Einsatz nach. Anfang April erkrankte er, wurde von immer heftigeren Fieberschüben geschüttelt. Am 19. April 1824 starb Byron in Mesolongi. »Er, der nur an sich selber interessiert schien«, schrieb Friedrich Burschell, »hat sich am Ende für die ihm heiligste Sache geopfert: die Freiheit Griechenlands.«

An Augusta

Kephalonia, 12. Oktober 1823

Meine liebste Augusta, … Du fragst mich, warum ich bei den Griechen gelandet bin? Mir ist gesagt worden, dass ich ihnen damit zu einem gewissen Grad in ihrem derzeitigen Unabhängigkeitskampf von Vorteil sein könnte, sowohl in eigener Person wie auch als ein Mitglied des jetzt in England tätigen Komitees. Wie weit das gelingt, vermag ich nicht vorherzusehen, aber ich bin bereit zu tun, was ich kann. Sie haben mittlerweile, nachdem sie ihre anderen Feinde zurückgeworfen haben, Zeit gefunden, untereinander zu streiten; und es ist keine sehr leichte Rolle, die ich zu spielen habe, um den Anschein zu vermeiden, dass ich die eine oder die andere Partei begünstige. Sie haben Mavrokordatos, der unter ihnen der einzige Mann in der Art *Washingtons* oder *Kościuszkos* ist, fortgejagt und bisher ihre Deputierten noch nicht nach London geschickt, um über eine Anleihe zu verhandeln. Sie haben sich auch, kurz gesagt, nicht so viel genützt, wie sie getan haben könnten. Ich habe an Mr. Hobhouse drei verschiedene Male geschrieben und ein Bündel diesbezügliche Dokumente beigefügt, aus denen er jede augenblicklich verfügbare Information für das Komitee zusammenstellen kann. Ich habe an ihre Regierung in Tripolitza und Salamis geschrieben und warte auf Instruktionen, *wohin* ich mich begeben soll; denn zwischen ihnen herrscht ein solcher Zustand, dass es schwer ist, Vermutungen anzustellen, wo man ihnen, wenn überhaupt, von Nutzen sein könnte. Trotzdem habe ich einige Hoffnungen, dass sie genügend Einsicht in ihr eigenes Interesse haben, um nicht zu streiten, bis sie ihre nationale Unabhängigkeit erlangt haben; dann können sie es auf häusliche Art untereinander ausfechten – und wohl bekomme es ihnen. Du dürftest annehmen, dass ich zumindest über etwas *nachzudenken* habe, denn Du kannst Dir nicht vorstellen, was sie für ein intrigantes, verschlagenes und ruheloses Geschlecht sind, und da jetzt Abgesandte aller Parteien zu mir kommen und ich unparteiisch handeln muss, rufe ich wie Julian bei seinen militärischen Unternehmungen aus: »O Plato, welche Aufgabe für einen Philosophen!« *Du* wirst freilich nicht viel von *meiner Philosophie* halten; ich übrigens auch nicht, *entre nous* – –

(…) Zur Zeit bin ich in einem sehr hübschen Dorf (Metaxata auf Kephalonia) zwischen den Bergen und dem Meer mit einem Blick auf Zante und den Peloponnes, und warte auf bestimmtere Nachricht von der provisorischen Regierung in Salamis. (…)

An die griechische Regierung

Kephalonia, vermutlich Dezember 1823

(…) Ich muss offen gestehen, dass, wofern nicht Ordnung und Einigkeit hergestellt werden, alle Hoffnungen auf eine Anleihe vergeblich sind; und jede Unterstützung, die die Griechen vom Ausland erwarten könnten, – eine Unterstützung, die weder geringfügig noch wertlos ist, – zurückgehalten oder ganz abgelehnt wird; und was noch schlimmer ist, die europäischen Großmächte, von denen keine ein Feind Griechenlands war, sondern es bei der Errichtung eines unabhängigen Staates zu begünstigen schienen, werden zu der Überzeugung kommen, dass die Griechen unfähig sind, sich selbst zu regieren, und werden sich vielleicht von sich aus daranmachen, Ihre ungeordneten Zustände in einer Weise zu regeln, die den schönsten Hoffnungen, die Sie und Ihre Freunde hegen, ein Ende bereitet.

Und gestatten Sie mir jetzt ein für alle Mal hinzuzufügen – ich wünsche die Wohlfahrt Griechenlands und sonst nichts; ich will alles in meinen Kräften Stehende tun, um dieses Ziel zu erreichen; aber ich kann und will niemals darin einwilligen, dass die englische Öffentlichkeit oder einzelne Engländer über den wirklichen Zustand der griechischen Angelegenheiten getäuscht werden. Alles übrige, meine Herren, hängt von Ihnen ab: Sie haben ruhmreich gekämpft; handeln Sie jetzt ehrenhaft gegenüber Ihren Mitbürgern und der Welt …

Der englische Bankier und Politiker Douglas Kinnaird, ein enger Freund Byrons, beriet ihn in verschiedensten Geldgeschäften. Nach Byrons Tod bestand auch er darauf, dessen Memoiren zu vernichten.

An Douglas Kinnaird

20. Dezember 1823

(…) Von dem Geschwader ist ein griechisches Schiff eingelaufen, um mich nach Mesolongi zu bringen, wo sich Mavrokordatos jetzt befindet und den Oberbefehl übernommen hat, so dass ich meine Einschiffung in den nächsten Tagen erwarte. Adressiere trotzdem wie bisher nach Kephalonia und raffe alle nur greifbaren Mittel und meine Kredite zusammen, damit ich meinen Beitrag für die Finanzierung des Krieges leisten kann. Denn wer A sagt, muss auch B sagen, und ich muss alles in meinen Kräften Stehende für die Alten tun. Ich habe ihnen viertausend Pfund vorgeschossen, mit deren Hilfe das Geschwader auslaufen konnte … Ich bemühe mich, ihre Parteien miteinander zu versöhnen, und jetzt besteht einige Hoffnung auf Erfolg. Die Türken haben sich nach ein paar vergeblichen Versuchen in Anatolien kampflos aus Akarnanien zurückgezogen. Korinth ist genommen, und die Griechen haben im Archipel eine Schlacht gewonnen. Das Geschwader hat dort auch eine türkische Korvette samt der Ladung und etwas Geld aufgebracht. Kurz, wenn sie eine Anleihe erhalten können, bin ich der Meinung, dass im Lauf der Zeit sicher mit einer günstigen Aussicht auf ihre Unabhängigkeit gerechnet werden kann.

In der Zwischenzeit bin ich Zahlmeister und was sonst noch; und es trifft sich glücklich, dass bei der Natur der Kriegführung und des Landes auch die Mittel eines einzelnen einen teilweisen und zeitweiligen Dienst leisten können. (…)

An den Bankier Charles Hancock

Mesolongi, 5. Februar 1814

Sehr geehrter Herr, – Dr. Muirs Brief und Ihrer vom 23. erreichten mich vor einigen Tagen. Sagen Sie Muir [Sanitätsoffizier von Argostoli], dass ich mich über seine Beförderung seinetwegen freue und unseretwegen deshalb, weil er in unserer

Nähe bleibt. Dagegen kann ich Dr. Kennedys [ein methodistischer, in Kephalonia wohnender Arzt] Abreise nur bedauern. Sie ist schuld an den kürzlich erfolgten Erdbeben und dem derzeitigen englischen Wetter in diesem Klima. Mit aller Hochachtung vor meinem medizinischen Pastor habe ich ihm mitzuteilen, dass neben anderen Feuerköpfen unser Oberfeuerwerker Parry (gerade gelandet) einen auserwählten Schmied an Land gebracht hat, dem dreihundertundeinundzwanzig Neue Griechische Testamente anvertraut sind. Ich habe ihm alle in meiner Macht stehenden Erleichterungen für seine geistlichen und zeitlichen Werke gegeben; und wenn er sich mit dem griechischen Erzbischof und der Hierarchie ebenso leicht verständigen kann, bin ich sicher, dass man weder den Ketzer noch den angeblichen Skeptiker der Unduldsamkeit bezichtigen darf.

Übrigens habe ich besagten Erzbischof in Anatolico getroffen (wohin ich auf Grund einer Einladung durch die hohe Geistlichkeit vor ein paar Tagen ging und mit einer schwereren Kanonade als wahrscheinlich die Türken empfangen wurde) … Ich sah ihn zum zweiten Mal (ich hatte ihn hier schon vorher kennengelernt); und er und Fürst Mavrokordatos und die Befehlshaber und die Bischöfe und ich aßen alle zusammen, und der Metropolit schien mir der Lustigste von der ganzen Gesellschaft und dabei ein sehr guter Christ. Aber auf dem Rückweg wurden wir nass bis auf die Knochen, und Gamba ist an Fieber und einer Kolik erkrankt; auch Lukas (nicht der Evangelist, sondern einer meiner Jünger) ist nebst anderen meiner Leute unpässlich geworden. Ich habe mich sehr wohl gefühlt – außer dass ich mich gestern erkältete, weil ich im Regen zu sehr auf die Griechen fluchte, die keine Hand beim Ausladen der Vorräte des Komitees anlegen wollten, und unsere Explosivstoffe fast verdarben. Aber ich erschien persönlich und schlug einen solchen Lärm, dass sie sich in Bewegung setzten. Ich verwünschte sie alle, von der Regierung abwärts, bis sie *etwas* von dem taten, was sie schon vor einigen Tagen getan haben sollten, und das wird, ganz zu Recht, als ein Wunder angesehen.

Sagen Sie Muir, dass es trotz seiner Einwendungen, die ich dankbar entgegennehme, vielleicht doch besser ist, wenn ich mit den Truppen vorrücke. Wenn wir nicht bald etwas tun, haben wir nichts weiter als ein drittes Jahr defensiver Operationen und eine andere Belagerung und dergleichen. Wie wir hören, rücken die Türken mit Macht und früher als üblich heran: und da diese Burschen hier sich etwas aus mir machen, herrscht die Meinung vor, dass ich marschieren solle. Erstens, weil sie wegen ihrer Eifersüchteleien eher auf einen Fremden als auf einen ihrer eigenen Leute hören. Zweitens, weil die Türken (wenn sich eine Gelegenheit ergeben sollte) lieber mit einem Franken als mit einem Griechen verhandeln oder vor ihm kapitulieren würden. Und drittens, weil sonst kein anderer die Verantwortung auf sich nehmen möchte – Mavrokordatos hat hier alle Hände voll zu tun, die fremden Militärs sind zu jung oder haben nicht genug Autorität bei den Eingeborenen, und die griechischen Chefs (wie schon gesagt) sind geneigt, jedem zu gehorchen, außer oder vielmehr eher als einem der Ihrigen. Was mich angeht, so bin ich bereit, alles zu tun, was mir gesagt wird, und meine Instruktionen zu befolgen. Ich suche und ich scheue das auch nicht, so wenig wie jede andere Unternehmung, die sie von mir wünschen könnten: was meine persönliche Sicherheit angeht, so bin ich, abgesehen davon, dass sie nicht in Betracht gezogen werden sollte, der Meinung, dass ein Mann an einem Ort ungefähr so sicher ist wie an einem anderen, und schließlich dürfte es besser für ihn sein, an einer Kugel als an Chinarinde einzugehen. Wenn wir nicht durch das Schwert umkommen, werden wir wahrscheinlich in diesem Sumpfnest am Wechselfieber enden … Die Lage von Mesolongi ist Ihnen ja nicht unbekannt. Wenn in Holland die Deiche bersten, ist dort das Land, mit dem hiesigen verglichen, trocken wie die Wüsten Arabiens.

Und nun zum Nerv des Kriegs. Ich danke Ihnen und Mr. Barff [Hancocks Bankpartner auf Zante] für die schnelle Antwort, was nächst schnellem Geld sehr erfreulich ist. Außer meinen Guthaben und den Überresten aus der Corgialegno-Korrespondenz mit Leghorn und Genua erbitte und brauche ich ab Anfang des kommenden März alle zwei Monate etwa fünftausend Dollar, das heißt im Lauf dieses Jahres in regelmäßigen Abständen etwa fünfundzwanzigtausend, abgesehen von den Summen, die jetzt laufen. Ich kann Ihnen Dokumente zeigen, aus denen hervorgeht, dass diese Summen in mehr als einer Weise durchaus innerhalb der mir zur Verfügung stehenden jährlichen Mittel liegen. Aber ich möchte den Griechen nicht gern *genau* sagen, *was* ich im Notfall vorschießen *kann* oder will. Sonst werden sie nämlich ihre Forderungen verdoppeln und verdreifachen (den Hang dazu haben sie bereits zur Genüge gezeigt): und obwohl ich bereit bin, *wenn* nötig, alles zu tun, was ich kann, sehe ich doch nicht ein, *warum* sie nicht selbst etwas beitragen sollten; denn sie sind nicht ganz so arm, wie sie gelegentlich vorgeben möchten.

An Augusta

Mesolongi (Montag), 23. Februar 1824

Meine liebste Augusta, – (...) Du wirst von unseren Reisen, den Gefahren, denen wir entkamen, und so weiter vielleicht mit einiger Übertreibung gehört haben. Aber jetzt ist alles in Ordnung, und ich bin schon seit einiger Zeit in Griechenland, wo die Lage so gut ist, wie den Umständen nach erwartet werden kann. Aber ich will Dich mit Politik, Kriegen und *Erdbeben* verschonen, obwohl wir vor drei Nächten wieder ein sehr heftiges hatten. (...)

Ich habe die Freilassung von neunundzwanzig türkischen Gefangenen, Männer, Frauen und Kinder, durchgesetzt und sie auf meine eigenen Kosten nach Haus zu ihren Freunden geschickt. Nur ein hübsches kleines neunjähriges Mädchen namens Hato oder Hatagée hat den festen Wunsch geäußert, bei mir oder unter meiner Obhut zu bleiben, und ich habe mich so gut wie entschlossen, sie zu adoptieren. Wenn Lady B. sie vielleicht als Gefährtin für Ada (die gemeinsame Tochter) nach England kommen lassen wollte – die Kinder sind fast gleichaltrig und wir könnten auch unschwer für Hato sorgen; wenn nicht, kann ich sie nach Italien zur Erziehung schicken. Sie ist sehr lebhaft und munter und hat große schwarze orientalische Augen und asiatische Züge. Alle ihre Brüder wurden während der Revolution getötet. Ihre Mutter will zu ihrem Mann nach Prevesa zurück, aber sie erklärt, sie würde das Kind in dem Zustand, in dem sich das Land jetzt befindet, lieber mir anvertrauen. Ihre große Jugend und ihr Geschlecht haben ihr bisher das Leben gerettet, aber man kann nicht wissen, was im Verlauf des Krieges (und solch eines *Krieges*) noch geschehen kann, und ich werde sie wahrscheinlich fürs erste einer englischen Dame hier auf den Inseln zur Pflege übergeben. Das Kind hat den gleichen Wunsch und scheint für sein Alter einen festen Charakter zu haben. Du kannst die Sache erwähnen, wenn Du sie der Mühe wert hältst. Ich möchte nur, dass das Kind anständig erzogen und behandelt wird, und wenn man meine Jahre und alle Umstände bedenkt, so nehme ich an, es dürfte schwerfallen, mir andere Absichten zuzuschieben.

So unerfreulich es ist, muss ich aber auch erwähnen, dass mein letzter, sehr schwerer Anfall allem Anschein nach *epileptisch* war. *Warum* – weiß ich nicht, denn es ist spät im Leben – mit sechsunddreißig ist es zum ersten Mal aufgetreten – und soviel ich *weiß*, ist es nicht *erblich*, und damit es nicht so *wird*, solltest Du Lady B. sagen, bei Ada Vorbeugungsmaßnahmen zu treffen. Mein Anfall hat sich nicht wiederholt, ich bekämpfe ihn mit Enthaltsamkeit und körperlicher Bewegung, bis jetzt mit Erfolg; wenn er bloß zufällig war, ist alles in Ordnung.

*

An diesem Tag vollende ich mein 36. Jahr

Mein Herz, nie soll es mehr sich freun,
Derweil es andre nimmer freut;
Doch soll ich auch geliebt nicht sein:
Ich lieb allzeit!

Mein Leben ist schon herbstlich fahl,
Verwelkt der Liebe Blütenzier;
Der Wurm, der Krebs und Leid und Qual
Nur blieben mir.

Die Glut, die mir am Herzen frisst,
Flammt wie ein Meteor allein;
Sie zündet nimmer – ach sie ist
Ein Leichenschein!

Und Hoffnung, Furcht, Glück und Verdruss
Der Liebe teil ich nimmer jetzt;
Obgleich ihr Joch ich tragen muss
Noch bis zuletzt.

Doch so und hier und jetzt nicht schickt
Sich dieser düstren Bilder Qual,
Wo Ruhm des Helden Stirne schmückt,
Oder sein Mal.

Das Schwert, das Banner und das Feld
Der Schlacht und Hellas ringsum – sieh!
Auf seinem Schild war Spartas Held
Selbst freier nie!

Wach auf (nicht Hellas – dies ist wach),
Wach auf, mein Geist! und denk daran,
Wes Blut dir schwellt des Herzens Schlag,
Und dann voran!

Die Leidenschaft, die neu entfacht,
Unwürd'ge Mannheit, tritt zum Grund!
Was soll es dir, ob schmollt, ob lacht
Der Schönheit Mund?

Beweinst du deinen Lenz – warum
Noch leben? Fort zum blut'gen Plan
Des edlen Todes, der ringsum,
Und stirb als Mann!

Des Kriegers Grab, das mancher fand,
Eh er es suchte, suche du!
Schau um und wähle deinen Stand –
Und geh zur Ruh!

Mesolongi, 22. Januar 1824

An Loukas Chalandritsanos

Ich sah dich, dicht umringt von Feindesschar;
Fast wär's um uns geschehn, um dich und mich.
So hoffnungslos auch unsre Lage war –
Ich ließ dich, den ich liebte, nicht im Stich.

Ich sah dich zwischen Brechern, als ans Riff
Der Bootskiel stieß in Sturm und in Gefahr.
Ich hielt dich fest; mein Arm, er war dein Schiff –
Mein Leib hätt dir gedient als Totenbahr.

Ich sah in deinem Aug des Fiebers Schimmer,
Gab dir mein Bett und ruhte neben dir
Am Boden. Erhoben hätte ich mich nimmer
Von diesem Platz, wärst du gestorben mir.

Die Erde bebt'. Die Mauer barst und wich,
Und alles schwankte, trunken wie vom Weine.
Wen suchte ich da überall? Nur dich!
Und wessen Sicherheit zuerst? Die deine!

Und als mein Atem stockte wie im Krampf
Und als mein Denken kaum mehr Worte fand,
Hat sich mein Geist selbst noch im Todeskampf
Zu dir – zu dir – ach, allzu oft gewandt.

Trotz alledem weist du mich stets zurück.
Dem Willen ist die Lieb nicht untertan.
Ich schelt dich nicht – doch ist es mein Geschick,
Dich treu zu lieben voller Schuld und Wahn.

März/April 1824

QUELLEN

George Gordon Lord Byron. *Sämtliche Werke in drei Bänden*, in den Übertragungen von Adolf Seubert (Manfred, Kain, Gedichte) und Otto Gildemeister (Childe Harolds Pilgerfahrt, Lara, Don Juan), überarbeitet, nach der historisch-kritischen Ausgabe ergänzt und mit Anmerkungen und einem Nachwort herausgegeben von Siegfried Schmitz, München 1977

Byron. *Briefe und Tagebücher*, übersetzt, ausgewählt und eingeleitet von Friedrich Burschell, Frankfurt am Main 1960

Mario Praz, *Die Metamorphosen des Satans*, in: *Liebe, Tod und Teufel. Die schwarze Romantik*, München 1963

Weitere lesenswerte Klassiker im marixverlag:

Ödön von Horvàth

Ich bin eigentlich ganz anders, aber ich komme nur so selten dazu

Gedanken eines Aufrechten

Gebunden mit Schutzumschlag
160 S.; Format: 12,5 x 20 cm
ISBN: 978-3-7374-1076-2

»Ich schätze, ich bewundere, ich liebe Horváth. Er gehört zu den interessantesten und amüsantesten Autoren des zwanzigsten Jahrhunderts.« Marcel Reich-Ranicki

Er war nicht nur ein Chronist seiner Zeit, sondern stets eine wichtige Stimme gegen den Faschismus: der selbsternannte Weltbürger Ödön von Horváth.
Als Gesellschafts- und Moralkritiker verarbeitet der »Klassiker der Moderne« in seinen Stücken sozialpolitische Stoffe, denkt und fühlt sich in die Welt des »Kleinbürgers« hinein, stets die »Demaskierung des Bewußtseins« zum Ziel habend. Die Menschen mit ihren Alltagsproblemen und ihrer Sprache aufs Papier zu bringen – »die Welt so zu schildern, wie sie halt leider ist.« –, tritt als seine große Gabe zutage. Seine schonungslosen, kritischen und pointierten Aussagen verfehlen ihre Wirkung in ihrer Unmittelbarkeit bis heute nicht.

Die thematisch aufbereitete Auswahl von Zitaten aus Horváths Werk wird bereichert durch seine *Sportmärchen* und autobiographischen Skizzen.

Jack London

Männergeschichten
Frauengeschichten

Abenteuerliche Leben

Gebunden mit Schutzumschlag
256 S.; Format: 12,5 x 20 cm
ISBN: 978-3-7374-1088-5

»Man muss Jack London kennen! Er hat eine unerhörte Art, die Dinge zu sehen.« Erich Maria Remarque

Austernjäger, Seemann, Vagabund, Sozialist, Goldsucher, Kriegsreporter, Farmer … Jack Londons Leben war so abenteuerlich und ereignisreich wie sein literarisches Werk. Romane, wie *Ruf der Wildnis* oder *Der Seewolf*, in denen er sprachgewaltig den Kampf zwischen Zivilisation und Natur thematisiert, ließen ihn zu einem der weltweit meistgelesenen Schriftsteller werden. Jack Londons Können, insbesondere seine unübertroffene Raffinesse bei der Erzeugung von Spannung, zeigt sich aber in verdichteter Form auch in vielen seiner Erzählungen.

Der vorliegende Band präsentiert deshalb in neuer, werkgetreuer Übersetzung eine Auswahl seiner Meistererzählungen. Besonders interessant ist dabei, dass die Auswahl nicht nur »Männergeschichten« liefert, wie man sie von einem Abenteuerschriftsteller erwartet, sondern auch »Frauengeschichten«, wodurch ein besonders reizvolles Spannungsfeld erzeugt wird.

Der Band enthält die Geschichten: *Krieg, Der Wahnsinn des John Harned, Ein Stück Fleisch, Wie Argos in den alten Zeiten, Es lebe der Mann auf dem Trail, Das Vertrauen der Männer, Die große Frage, Siwash, Eine Tochter des Nordlichts, Goldblüte, Die Nachtgeborene*

Bibliografische Information der Deutschen Nationalbibliothek
Die Deutsche Nationalbibliothek verzeichnet diese Publikation in der Deutschen Nationalbibliografie; detaillierte bibliografische Daten sind im Internet über http://dnb.d-nb.de abrufbar.

Covergestaltung: Anja Carrà, Weimar
Bildnachweis: © akg-images
Satz und Bearbeitung: SATZstudio Josef Pieper, Bedburg-Hau
Der Titel wurde in der Minion Pro gesetzt.
Gesamtherstellung: CPI books GmbH, Leck – Germany

ISBN: 978-3-7374-1077-9

www.verlagshaus-roemerweg.de